Manfred Elsässer • Im Spannungsfeld von Gott und Welt

## Widmung

Gewidmet allen, die in schweren Zeiten für mich gebetet haben

Manfred Elsässer

# Im Spannungsfeld von Gott und Welt

Gedichte

FRIELING

Von Manfred Elsässer erschienen im *Frieling-Verlag Berlin* bereits folgende Titel:

„Erlebtes und Unerlebtes“ (ISBN 978-3-8280-3256-9
„In manelsischen Gefilden“ (ISBN 978-3-8280-3312-2)

**Bibliografische Information der Deutschen Nationalbibliothek**
Die Deutsche Nationalbibliothek verzeichnet diese Publikation in der Deutschen Nationalbibliografie;
detaillierte bibliografische Daten sind im Internet über http://dnb.d-nb.de abrufbar.

Rheinstraße 46, 12161 Berlin
Telefon: 0 30 / 76 69 99-0
www.frieling.de

ISBN 978-3-8280-3381-8
1. Auflage 2017
Umschlaggestaltung: Michael Beautemps

Printed in Germany

# Inhalt

Vorwort 11

1. Christ und Kultur 13
   - Dem deutschen Volk gewidmet 13
   - Opernhaftes – „Aida“ 13
   - „Die lustigen Weiber von Windsor“ und ich 14
   - „Zar und Zimmermann“ und ich 15
   - „Der Barbier von Sevilla“ und ich 15
   - „Der Freischütz“ und ich 15
   - „La Traviata“ und Berlin 16
   - Fußballeuropameisterschaft und christlicher Glaube 16
   - Die Kritik 17

2. Christ und Staat 18
   - Deutsche Zukunftsvision 18
   - Das Asylantenproblem (nach Silvester 2015) 19
   - Trinkspruch 20
   - Das Asylantenproblem in Deutschland 20
   - Gefährliche Straßenbahnfahrt 22
   - Physiotherapie und Politiker 23
   - Russland und Deutschland 24
   - Putin 25
   - Präsidentenwahl in den USA 25
   - Sächsische Gemütlichkeit 26
   - Alte Seilschaften und wir 26
   - Die Grünen und das Asylantenproblem 27

3. Christ und Kirche 28
   - Einzelner und Gemeinschaft – Christ und Kirche 28
   - Christlich und weltlich (1. Kor. 2 und 3) 29
   - 1. Kor. 5 und Nichtgedeihlichkeit heute 30
   - In Zwickau 31
   - Der ev.-luth. Gottesdienst (in Sachsen) 31
   - Die Ehe 33
   - Diakonissen und Pfarrerinnen 34

Zwischen Modernismus und Traditionalismus 35

4. Christ und Humor 37
In der Reha-Klinik „Sachsenhof“ 37
In Bad Elster zur Reha 37
Vor der Heimkehr 38
Der Ersatzmann 38
Erkenntnisse eines deutschen Lesers 38
In Ungarn 39
Die Autopanne 39
Gedanken einer Bio-Biene 40
In Südamerika 41
Ein Sachse und Bayern 42
Ein Abschiedslied 42
Bei der Ärztin 42
Die Pauluskantorei 43
Eine gute Mischung 43
Bei einem Komponisten 44
Fußballreminiszenzen 44
Recht und Verzicht 44
Die Fernseh-Küchenschlacht 45
Die guten Haferflocken 45
Im Ausland 46
Musikalisches in Sachsen 46
Frau N. in unserem Kreise 47
Leipzig-Schönefeld 47
Tragik und Glück 47
Krankenhaus und Gefängnis 48
Gescheiterte Fluchtgedanken 49

5. Christ und Bibel 50
Jesus und seine Titel 50
Pfarrer und Christen heute 52
Martin Luther und das Abendmahl 52
Reichtum, Jesus und wir (Matth. 19, 16–26) 53
Das Hohelied der Liebe – 1. Kor. 13 55
Maria und der Engel Gabriel (nach Lukas 1) 56
Jahreslosung 2016 – Jes. 66, 13 57
Das Beispiel des Paulus (1. Tim. 1, 12–17) 57

Altersgemäße Blickrichtung 58
Matthäus 5, 13f 59
Erkennen und Tun 59
Vom Sinn der Zweinaturenlehre 60
Geheimnis des Glaubens 61
Das vierfache lutherische „Allein“ (solus bzw. sola) 62
In einer Kirche (in Ly-La-Lyrik 26) 63

6. Christ und Mitmensch 64
Die Aushilfsschwester Nancy 64
An A. G. 65
Bei der Physiotherapeutin 65
Revanchegedanken 66
Die Physiotherapeutin W. 66
Margot Hönemann 67
Kunst und Leben 67
Das Pfarrerehepaar G. und wir 68
Zwei Menschen in Ost und West 69
Ein Wiedersehen 72
Adelheid und andere 72
„Für Elise“ (Beethoven) – und Adelheid 73
Möglichkeit der Menschenkenntnis 73
Bei der Physiotherapie 74
Telefonisch gewonnene Erkenntnisse 74
Ein Tierparkbesuch mit Erinnerungen 75
Eine Romanze 76
Amtseinführung einer Pfarrerin 77
Die Gemeindehelferin 78
In der Gedächtniskirchgemeinde – 78
Die gute Therapie 79
Beim Orthopäden 80
Die Krankenschwester 80
An Herrn Nötzold 81
Frau Berger und ich 81

7. Christ und Geschichte 82
Gutes und Schlechtes 82
Königgrätz 1866 und Ehe 82
Die USA und das Asylantenproblem 83

Wunderbares Walten Gottes in Vergangenheit und Gegenwart 84
Luther und wir heute 85
Wilhelm II. und Franz Josef 86
Misstrauen und Vertrauen 88

8. Christ und Alltag 90
Im Spannungsfeld von Gott und Welt 90
Im Spannungsfeld von Gott und Welt II 91
Wahres Vertrauen 92
Bitte eines alten Pfarrers 92
Christliche Altersgedanken 93
Von Ihm überwunden 94
Das Schönste 95
Der 19. April 2016 95
Lob des dreieinigen Gottes 96
Mein christlicher Alterstrost 96
Wer zuletzt lacht … 97
Ratschlag an junge Pfarrer 97
Echte Liebessehnsucht 99
Der Grund sicherer Hoffnung 100
Des Christen Glaube 101
Gott und wir 103
Zielgerichtetes Leben 104
Theologenklugheit und -scheitern 104
Christliche Existenz 105
Ratschlag an einen Ehemann 106
Medicus curat – Deus sanat 106
Die gute Perspektive 107
Unberechtigter Menschenstolz 108
Meine Lebensregel 110
Naturwissenschaftliche und geistliche Erkenntnis oder irdisches Gerät und göttliche Trinität 111
Christliche Gedanken vor dem Tod 112
Christliche Ehe 113
Weltlichkeit und Ewigkeit 114
Reden und Beten 116
Der Ausweg 117
Das rechte Angebot 117

| | | |
|---|---|---|
| | Menschsein und Christsein | 118 |
| | Christliche Überlegenheit | 120 |
| | Mensch und Gott | 121 |
| | Schuld und Vergebung | 122 |
| | Glauben im Alter | 122 |
| | Der feste Halt | 123 |
| | Dreieinigkeit | 123 |
| | Begründeter Christenglaube | 124 |
| | Beschränkung auf das Wesentliche | 125 |
| | Gottes Gnadenangebot | 126 |
| | Großes und Kleines | 127 |
| | Christliches Bestattungsgedicht | 128 |
| | Warnung an Frauen | 129 |
| | Gesegneter Verzicht | 130 |
| | Lob der Barmherzigkeit | 130 |
| | Hass und Liebe | 131 |
| | Die Anfechtung | 132 |
| | Das göttliche Zugleich | 133 |
| | Bekenntnis eines Bekehrten | 133 |
| | Ende oder Zukunft des Christentums | 134 |
| | Des Christen Tempora | 136 |
| | Segen des Vergebens | 141 |
| | Christlicher Alterstrost | 142 |
| | Ein Pfarrkonvent | 142 |
| | An einen Dichterkollegen | 144 |
| | Durch die Nacht hindurch | 145 |
| | Verschiedene Tausche | 146 |
| | Die Burg | 147 |
| 9. | Christ und Leid | 149 |
| | Vor der Operation | 149 |
| | Die Knieoperation | 150 |
| | Nach der Operation | 150 |
| | Autolehre | 151 |
| | Leben mit Gehstützen | 151 |
| | Erfahrung durch Leid | 152 |
| | Gedanken eines Behinderten | 153 |
| | Resignation | 153 |
| | Eine Warnung | 153 |

Gesegnetes Leiden 154
Mitleidvolle Liebe 155
Der Kirchenchor von M. und ein Mitglied 156

10. Christ und Sprache 157
Beläm(m)ertes 157
Richtig oder falsch betont 158
Sprachübung für Sachsen („Ö“ und „E“ oder „Ä“) 158
Die Bedeutungen des Vokals 159
Bauers und Elsässers 160
Urlaub am Regen 160
Unstandesgemäße Zustände 161
Die Ungarinnen 161
Sören Kierkegaard und unser Pfarrverzeichnis 162
Seltsames Deutschland 163
Lohnvergleich 165
Anna und Ananas 166
In Unna 166
Frau Goldberger 166
Frau Mahlmeister 167
Die Kuh und der Heide 167
In Leipzig 168

# Vorwort

Nachdem nun auch ein drittes Buch mit Gedichten von mir erschienen ist, ist es mir wieder eine angenehme moralische Pflicht, Frau Gabriele Mahlmeister, die meine Verse wieder mit ihrem Computer in druckreife Form gebracht hat, herzlich für ihre aufwendige Arbeit zu danken. Von vielen Menschen habe ich wieder Anregungen empfangen, die ich poetisch verarbeitet habe. Den sympathischen unter ihnen möchte ich auch herzlich danken. Vor allem aber war es die Bibel, ohne deren Aussagekraft dieses Buch nicht zustande gekommen wäre, weshalb ich zur eingehenden Beschäftigung mit ihr dringend raten möchte. Nun wünsche ich dem Buch, dass es Segen bringe denen, die es lesen.

Zwickau, 31.07.2016
Manfred Elsässer

# 1. Christ und Kultur

*Es ist der Mensch nicht Körper nur,*
*und darum gibt es auch Kultur.*
*Bei allem irdischen Genuss*
*man sich als Christ bewähren muss.*

## Dem deutschen Volk gewidmet

1. Damit die Menschen nicht verblöden,
ist echte, wahre Kunst vonnöten.
Sie sollte ihnen Anreiz geben,
nach dem, was höher ist, zu streben.

2. Damit die Menschen nicht verrohen
und immer mehr Verbrechen drohen,
sei es bei vielen das Begehren,
die Menschen Gottes Wort zu lehren.

3. Damit sich nicht die Menschenmassen
von purer Selbstsucht leiten lassen,
sind Menschen nötig, die getrieben
von Gottes Geist die Menschen lieben.

## Opernhaftes – „Aida“

„Holde Aida“,
sang, als er sie sah,
Radames fröhlich,
in Liebe selig,
was ernst gemeint war,
obwohl sie Feind war.

Für seine Liebe
wurde es trübe,
weil man ihn später
als Hochverräter
ohne Bedauern
dann hinter Mauern
strafend ihn steckte,
dass er verreckte.
Plötzlich war sie da,
seine Aida,
sang um die Wette
mit ihm Duette.
Und weil sie beide
niemand befreite,
sind dann in Frieden
beide verschieden.

## „Die lustigen Weiber von Windsor" und ich

„Wie freu ich mich, wie freu ich mich,
wie treibt mich das Verlangen ...!"
Wie gern wär doch mit Euch mal ich
ins Opernhaus gegangen.
Und spielen sie von Nicolai
dann die bekannte Oper,
da wär' ich gern mit euch dabei
in Leipzig im Oktober.

## „Zar und Zimmermann“ und ich

„Ja, ich bin klug und weise
und mich betrügt man nicht …“
Auch ich wünsch’ still und leise,
dass man so von mir spricht.
Jedoch sind meine Züge
halt nicht so „ausdrucksvoll“,
drum wär’ es eine Lüge,
wenn man so reden soll.

## „Der Barbier von Sevilla“ und ich

„Ich bin das Faktotum der schönen Welt“,
der allen Frau’n besonders gefällt,
weil es bei jeder im Herz dann geschieht,
dass sie gleich froh wird, wenn sie mich mal sieht.
Aber vielleicht bild’ ich das mir nur ein.
Deshalb will lieber bescheiden ich sein,
will nicht mehr sein als ein einfacher Mann,
den aber trotzdem man liebhaben kann.

## „Der Freischütz“ und ich

„Durch die Wälder, durch die Auen“
ging ich nur, um dort zu schauen,
was zu meinem Seelenfrieden
dort mir die Natur kann bieten,
wollte Schönheit nur genießen
und nicht auf die Tiere schießen,
brachte nicht wie Max dann Beute,
suchte nur ein wenig Freude.
Auch bin längst ich Ehegatte,

der vor Jahren Hochzeit hatte,
muss mich nicht für dies Begehren
erst durch Probeschuss bewähren,
was den Max, als er dran dachte,
sehr in Schwierigkeiten brachte.
Auch muss jemand mehr sich schinden,
um den Jungfernkranz zu binden.
Auch muss keinen Eremiten
man am Schluss um Hilfe bitten,
dass zu einem guten Ende
er noch Trost und Segen spende.

## „La Traviata“ und Berlin

„Oh, lasst uns fliehn
aus diesen Mauern …“,
Alfred, er schien
sie zu bedauern.

„Oh, lasst uns fliehn
aus diesen Mauern …“,
einst in Berlin
ließen sie schauern.

## Fußballeuropameisterschaft und christlicher Glaube

Wenn die Europameisterschaft
für viele wichtig scheint,
dann frag’ ich, ob das gleichnishaft
auch unser’n Glauben meint.

Beim Fußball gibt’s ein Regelwerk,
das für ein Spiel tut not.

Beim Christenglauben dieses merk':
Es gilt Gottes Gebot.

Zwei Mannschaften bei einem Spiel
stets auf dem Spielfeld sind;
und jede hat dabei das Ziel,
dass sie am Schluss gewinnt.

Worum es geht bei einem Christ,
ist darin diesem gleich,
dass man am Ende siegreich ist
bei Gott im Himmelreich.

Beim Fußball geht es um den Ball,
um den sich alles dreht.
Bei Christen Christus überall
im Mittelpunkt stets steht.

Dann diesen Ball ins Tor man zwingt,
will man, damit man siegt.
Der Glaube sucht, dass es gelingt,
dass Gottes Heil man kriegt.

Ein Spiel der nicht verlieren kann,
der ganz sein Tor hält rein.
Beim Glauben hängt es ganz daran:
Gott will uns gnädig sein.

## Die Kritik

Neulich sprach sie zu mir leise:
„Was du machst, ist große – Klasse."
Ich fand diese Worte weise,
weil das Tadeln ich so hasse.

# 2. Christ und Staat

*Ein jeder lebt in einem Staat,*
*der Gutes und auch Schlechtes tat,*
*drum schärfe ich es allen ein:*
*Ein Christ muss auch politisch sein.*

## Deutsche Zukunftsvision

Als so sehr viele Asylanten
den Weg zu uns nach Deutschland fanden,
weil die Frau Merkel voll Erbarmen
sie aufnahm hier mit off'nen Armen,
da freuten diese sich hier tierisch,
vor allem solche, welche syrisch.

So hörte ich vor ein paar Tagen
mal einen Syrer dieses sagen:
„Ich werde mal, obwohl ich Syrer,
in Deutschland dann der neue Führer,
so wie es einst, wie ich gelesen,
ein Österreicher ist gewesen.
Nur werde ich dann alle Sachen
viel besser als einst jener machen,
sodass es sich zum Guten wende
und nicht wie damals böse ende.
Ich werde dieses Land erneuern
und die Betrüger dort gleich feuern.
Man wird von furchtbaren Verbrechen
in Deutschland bald nicht mehr sprechen.
Ich werde alle Menschen schützen,
die unser'm Vaterlande nützen.
Ich werde alle Menschen schätzen,

nie gegen irgendwelche hetzen.
Ich werde immer danach trachten,
dass alle gute Regeln achten.
Ich werde ehren, die es wagen,
auch harte Wahrheit klar zu sagen,
die and're Menschen lieben, ehren
und gern Barmherzigkeit gewähren.
Ich setze mich auf alle Fälle
auch nicht wie er an Gottes Stelle,
denn keinem Mensch kann gelingen,
den Menschen wahres Heil zu bringen.
Gott soll ein jeder Ehre geben,
dass wird hier jeder glücklich leben." –
Wird sich die Zukunft so gestalten?
Man kann wohl nur die Hände falten.

## Das Asylantenproblem (nach Silvester 2015)

Wenn einer, der als Asylant
bei uns jetzt Unterkunft hier fand
und dann gleich Forderungen stellt,
damit er dies und das erhält,
und auch in unser'm Lande glaubt,
es sei jetzt alles ihm erlaubt,
dann kommt doch diese Frage mir:
Was ist mit dem, was will der hier?
Dann fange ich als Deutscher an,
dass ich auch etwas fordern kann:
Geht diesem Mann nicht auf den Leim
und schickt ihn baldigst wieder heim!
Geschah bei einem Menschen dies,
dass seine Heimat er verließ,
weil er dort immer in Gefahr
und nicht des Lebens sicher war,

weil ihm dort stets der schnelle Tod
durch Bomben und Gewehre droht,
weil man durch das, was da geschieht,
für Kinder keine Zukunft sieht,
dann wird gewiss er dankbar sein,
dass man bei uns ihn ließ herein
und dass er hier seit dieser Zeit
von solcher Kriegsgefahr befreit.
Dann wird er, seines Lebens froh,
sich nun bei uns verhalten so,
dass er uns zu verstehen gibt,
dass er uns Deutsche dafür liebt
und hier sich so verhalten wird,
dass der, der vor ihm Angst hat, irrt,
weil er als Asylant jetzt tut,
was auch für uns sich zeigt als gut.

## Trinkspruch

Wenn wir nun bald zusammen trinken,
ich dies als meinen Trinkspruch dächte:
Wenn wieder uns die Linken linken,
wähl' ich mit vollem Rechte Rechte.

## Das Asylantenproblem in Deutschland

Es will ein jeder Mensch vermeiden,
muss Unheil er und Hunger leiden,
muss alles, was er hat, verderben
und er im Bombenhagel sterben.
Stattdessen ist es sein Bestreben,
in Wohlstand, Sicherheit zu leben,
damit er hier auf dieser Erde

im Leben möglichst glücklich werde.
Nun hinterlassen Diktaturen
in vielen Ländern ihre Spuren,
sodass dort Menschen nicht beschieden,
dass man lebt sicher und in Frieden.
Und weil es nicht in solchen Ländern
die Hoffnung gab, es würd' sich ändern,
versuchten nun die Menschenmassen,
schnell ihre Heimat zu verlassen.
Sie meinten meist, es würd' sich lohnen,
in Deutschland lieber dann zu wohnen.
So manche lebten in dem Glauben,
dort würden die gebrat'nen Tauben
mit ganz besonderem Vergnügen
den Menschen in die Münder fliegen.
So hat vom schönen Schein geblendet
für viele tragisch es geendet,
weil viele Flüchtlingsboote sanken
und Menschen jämmerlich ertranken.
Im Auto mancher auch erstickte,
den so man auf die Reise schickte.
Doch trotz so tragischem Geschehen
hat wieder Menschen man gesehen,
die nach Europa sich begaben,
damit sie Sicherheit dort haben.
Vor allem war es ihr Begehren,
dass sie bei uns in Deutschland wären.
Manch and'res Land hat das verdrossen.
Es hat die Grenzen schnell geschlossen.
Als das Angela Merkel hörte,
es diese Frau zutiefst empörte.
Um diesen Menschen nicht zu schaden,
hat sie nach Deutschland eingeladen,
weil hier in unser'm Land, dem freien,
die Menschen stets willkommen seien.

Sie dachte, dass es christlich wäre
und auch für Deutschland eine Ehre,
wenn möglichst viele Asylanten
bei uns die Unterkunft dann fanden.
Obwohl sie also edel dachte,
war es ein Fehler, den sie machte.
Drum kommen zu uns Millionen,
wo sollen sie denn alle wohnen?
Und übersteigt das nicht beizeiten
die finanziellen Möglichkeiten?
Ist so viel Geld in unser'n Kassen,
dass es noch reicht für solche Massen?
Und werden die, die hier erschienen,
auch wirklich uns zum Guten dienen?
Ermuntert man bei solchen Fällen
nicht manchmal auch die Kriminellen,
die dann bei uns nur danach trachten,
wie hier sie ihre Beute machten?
Man darf Gefahren nicht verschweigen,
die sich zum Teil schon heute zeigen.
Man kann nur für die Zukunft hoffen.
Wie alles enden wird, bleibt offen.

## Gefährliche Straßenbahnfahrt

Die Männer seien sich im Klaren,
wenn in der Straßenbahn sie fahren,
dann ist es jetzt, das sag ich ehrlich,
für sie mitunter sehr gefährlich.
Ist freier Sitzplatz nicht zu sehen,
dann müssen in der Bahn sie stehen.
Und wenn es ruckt, kann es passieren,
dass sie dabei den Halt verlieren
und eine Nachbarfrau berühren.

Wenn diese so etwas kann spüren,
kann jetzt zu einem Mann sie sagen:
Ich werde bald schon Sie verklagen,
weil sich der Eindruck mir verfestigt,
dass man mich sexuell belästigt.
Wenn dann die ander'n Leute schweigen,
vielleicht gar sich nicht ehrlich zeigen,
dann geht dem Mann es an den Kragen.
Vielleicht muss er dann Strafe tragen.
Dabei sind wir uns doch im Klaren,
dass die Gesetze nötig waren,
denn es gibt jetzt bei uns Personen,
die uns're Frauen nicht verschonen.

## Physiotherapie und Politiker

Ich war mit operiertem Knie
bei einer Frau zur Therapie.
Als ich da an so einem Tag
vor ihr auf einer Pritsche lag,
fiel dieser Frau zu sagen ein:
„Nun heben Sie das linke Bein,
bewegen Sie, dass ich es seh',
dann Ihren Fuß und Ihren Zeh!"
Als ich, was sie gesagt, gemacht,
da habe ich bei mir gedacht:
Statt rechtem Arm mit linkem Fuß,
ist das der neue deutsche Gruß?
Uns sagt man, wenn man jemand sah,
dazu dann noch: Heil Angela!,
bei der, für Sachsen ungewohnt,
die erste Silbe man betont?
Doch habe ich mich dann gefragt,
was die EU wohl dazu sagt.

Ob denn dann das, was da geschieht,
vielleicht den D e x i t nach sich zieht?
Und ohne Deutschland, oh EU,
geht schnell es auf das Ende zu.

## Russland und Deutschland

Wenn wir im alten Atlas sehen,
wie er das Deutsche Reich stellt dar,
dann kann man Putin schon verstehen,
weil Russland auch mal größer war.

Es hat sich Deutschland abgefunden,
dass es Gebiete einst verlor.
Doch Putin hat es nicht verwunden,
dass Russland kleiner als zuvor.

Doch alle frei geword'nen Staaten
erklären deutlich und bestimmt:
Sie wollen nie dahin geraten,
dass Russland wieder Einfluss nimmt.

Ich wünsche, es sei Putin, lernend
von Adenauer und von Brandt,
von aller Habgier sich entfernend,
auch friedlich Nachbarn zugewandt.

Für Ukrainer, Letten, Esten
und and're, die von Russland frei,
und Russen selbst ist es am besten,
wenn freundlich man zu Nachbarn sei.

Es haben Polen und Franzosen
jetzt keine Angst vor Deutschland mehr.
Für Russlands Nachbarn hab' den großen
Wunsch ich, dass es bald auch so wär'.

## Putin

Diesen neuen Zar, den Putin,
viele Russen finden gut ihn.
Frech er sagte zu sich: „Nimm dir
auf das Erste mal die Krim hier.
Dann das ganze Land bis Polen
werde heim ins Reich ich holen."
Deshalb fürchtet mancher Lette,
dass er Lettland auch gern hätte,
ja, das ganze Land der Balten
wieder russisch will verwalten.
Deshalb halt' ich manches Mal ihn
für gefährlicher als Stalin.

## Präsidentenwahl in den USA

Von Mister Trump jetzt merken wir:
Er ist ein wahres Trampeltier.
Ist wirklich denn in USA
kein Besserer als dieser da?

Wird er der stärkste Mann der Welt,
dann ist es schlecht um sie bestellt.
Da fragt man sich, was dieser Mann
wohl noch für Unheil stiften kann.

## Sächsische Gemütlichkeit

Die Sächsische Gemütlichkeit
zeigt deutlich sich von Zeit zu Zeit
auch einem Menschen in der Haft,
dem sie Gelegenheit verschafft,
dass er dort schneller als man denkt
in seiner Zelle sich erhängt.

## Alte Seilschaften und wir *(in Welt der Poesie 16)*

Im Staat, in dem wir heute leben,
muss es ja solche Leute geben,
die in den längst vergangnen Jahren
mal Spitzel für die Stasi waren.
Da denkt wohl noch die alte Seilschaft,
dass der Sozialismus Heil schafft,
weil diese Leute niemals lernen,
sich von dem Alten zu entfernen;
und wenn mal andere es wagen,
sie nach Vergangenem zu fragen,
dann zeigen diese Ex-Genossen
im höchsten Maße sich verschlossen
und fragen sich im Stillen: „Wie denn
kann solche Fragen man verbieten?",
damit nicht aus vergangnen Zeiten
noch manches Ärger kann bereiten.

Ich rate allen: Schenkt doch denen,
die auch sich nach Verständnis sehnen,
das Wissen, dass wir sie verstehen,
um so mit ihnen umzugehen,
dass sie auch wieder mit Vertrauen
auf uns und andre Leute schauen,

dass ihnen wir Erbarmen schenken,
auch wenn sie das von uns nicht denken.
Das wird uns allen hier auf Erden
zu neuem Glück und Segen werden.

## Die Grünen und das Asylantenproblem *(in Ly-La-Lyrik 26)*

Viel kann man von den Grünen lernen.
D'rum sollte man sie hier entfernen,
um sie nach Afrika zu senden.
Dann wird sich bald dort alles ändern.
Wenn sie sich dort wie hier so mühen,
wird bald schon die Sahara blühen.
Dann wird, anstatt dort Leute fliehen,
ein Teil von uns bald dorthin ziehen.
Dann sind wir Deutschen recht verstanden
in Afrika die Asylanten.

# 3. Christ und Kirche

*Gebunden an das Gotteswort*
*setzt Kirche Christi Wirken fort,*
*weshalb ein Christ sehr kritisch sieht,*
*was in der Kirche auch geschieht.*

## Einzelner und Gemeinschaft – Christ und Kirche

Man kommt als Einzelner zur Welt
mit eig'nen Sinnen und Verstand
und ist damit doch gleich gestellt
in einen menschlichen Verband.

Als Tochter oder als ein Sohn
man Eltern und Verwandte hat,
gehört zu einer Nation,
lebt auf dem Dorf, lebt in der Stadt.

Und damit wird es zum Problem,
dass du als Mensch auf Erden bist.
Was kannst du machen und bei wem
ist besser, wenn man ruhig ist.

Bestimmt, was gut ist und was schlecht,
für dich in jedem Fall der Staat?
Hast du als Einzelner das Recht,
stets frei zu sein in Wort und Tat?

Was uns die Welt da bietet an
aus eigener Verstandeskraft,
uns nie zur Lösung führen kann,
die wirklich echten Frieden schafft.

Uns hat die Bibel anvertraut,
was dem, der Mensch ist, zu tun gebührt.
Wenn man auf Gott und Jesus schaut,
das stets zur guten Lösung führt.

Sah Jesus einst der Menschen Schar,
war er zum Dienst am Wort bereit.
Doch wenn ein Mensch in Nöten war,
nahm Er für ihn sich extra Zeit.

Auch soll der Christen große Zahl
stets bei der Predigt Hörer sein;
doch gibt beim Heil'gen Abendmahl
sich Jesus jedem ganz allein.

Hast du an Jesu Liebe teil
und wirkt in dir der Gottesgeist,
dann wirst du anderen zum Heil,
weil er zum Dienst am Nächsten weist.

Ist so, was Gott uns gibt, der Grund,
auf dem man für sein Handeln steht,
ist die Gemeinschaft auch gesund,
wenn es nach Gottes Willen geht.

## Christlich und weltlich (1. Kor. 2 und 3)

Wenn nur die Weisheit dieser Welt
die Kirche vorwärtstreibt,
dann ist es schlecht um sie bestellt,
so wie es Paulus schreibt.

Denn wer vor Gott will weise sein,
der macht sich etwas vor.

Die Weisheit bildet er sich ein.
In Wahrheit ist er ein Tor.

Der Mensch erkenne Grenzen an,
wo ihm der Blick verwehrt.
Das, was ihm wirklich helfen kann,
ist, was ihm Gott beschert.

Gott gibt uns Menschen seinen Geist,
durch den man Ihn erkennt,
der uns an Jesus Christus weist,
Ihn unser'n Heiland nennt.

Und wenn die Kirche Ihm vertraut
und was er will auch tut,
dann wird Gemeinde recht gebaut,
geht es der Kirche gut.

## 1. Kor. 5 und Nichtgedeihlichkeit heute

Es gab einst Paulus dazu Rat:
Es sei bei euch so Recht:
Tut den hinaus, der etwas tat,
das offenkundig schlecht.

Das hat die Kirche jetzt verdreht.
Sie wendet es so an,
dass der, der schwach ist, untergeht,
der Starke bleiben kann.

Die Taktik ist der Maßstab jetzt,
bei Geld, Macht, Mensch die Zahl.
Ob Gottes Willen man verletzt,
ist letztlich dann egal.

Wenn Kirche Gottes Wort verlässt,
Ihm nicht mehr treu will sein,
dann steht der ganze Bau nicht fest
und stürzt am Ende ein.

Matth. 7, 24–27

## In Zwickau

Um das Folgende zu sehen,
muss in Zwickaus Dom man gehen.
(Einer Kirche St. Marien
hat den Titel man verliehen.)
Wenn bei Superintendenten
die aktiven Jahre enden,
sieht man in den Vordergängen
später sie an Wänden hängen
in sehr schön gemalten Bildern,
die vergang'nes Wirken schildern.
Doch ich bin mir nicht im Klaren,
ob sie dessen würdig waren.

## Der ev.-luth. Gottesdienst (in Sachsen)

Damit man sonntags nicht vergisst,
der Gottesdienst ist heute,
im Kirchturm eine Glocke ist,
damit sie kräftig läute.

Wenn Menschen dann versammelt sind –
und möglichst immer viele –
der Kantor jedes Mal beginnt
mit seinem Orgelspiele.
Doch manchmal singt der Kirchenchor,

Posaunentöne klingen,
und dann tritt der Herr Pfarrer vor
zum Sprechen und zum Singen.

In Gottes Namen immer wir
den Gottesdienst beginnen,
weil nur durch dessen Wirken hier
wir Trost und Kraft gewinnen.

Wir rufen um Erbarmen an
Ihn, weil durch Ihn wir leben,
und wollen wie die Engel dann
nur Ihm die Ehre geben.

Zum Gottesdienst gehört Gebet
und dass wir Lieder singen
und das, was in der Bibel steht,
dort zum Gehör wir bringen.

Wir tun an Gott den Glauben kund,
den wir dreieinig nennen
und den als uns'res Glaubens Grund
gemeinsam wir bekennen.

Der Pfarrer dann zur Kanzel steigt
des Gotteswortes wegen,
wo er dann seine Gabe zeigt,
es ander'n auszulegen.

Ein jeder dann bekennt: ich hab'
als Mensch auch viel gesündigt.
Dann wird, weil Gott die Vollmacht gab,
Vergebung uns verkündigt.

Was Jesus unter Todesqual
am Kreuz für uns vollbrachte,
im Gottesdienst beim Abendmahl
er gegenwärtig machte.

Wir setzen uns für and're ein,
indem wir für sie beten:
Gott möge allen Helfer sein
in allen ihren Nöten.

Der Pfarrer hebt nach diesem dann
uns segnend seine Hände.
Der Kantor fängt zu spielen an,
und das ist dann das Ende.

P.S.: Ich weiß, es gibt bei uns jetzt auch
in Deutschland Pfarrerinnen,
die aber nach demselben Brauch
den Gottesdienst beginnen.

## Die Ehe

Die Bibel sagt es uns genau:
Gott schuf den Mensch als Mann und Frau,
und darum hat ein Ehebund
in Gottes Schöpfung seinen Grund,
da Er es so geordnet hat,
dass immer wieder findet statt,
dass an Geburten in der Welt
es beim Geschlecht sich so verhält,
dass bei den Jungen jedes Mal
wie bei den Mädchen ist die Zahl.
Und das hat darin seinen Sinn,
dass es zielt auf die Ehe hin,

bei der es so geschehen kann,
dass jede Frau kriegt einen Mann,
falls nicht in kriegerischer Macht
sich Männer haben umgebracht.
Ein Mann verlässt sein Elternhaus
und sucht sich eine Dame aus;
und er tut das aus diesem Grund,
dass er beginnt den Ehebund,
wo beide, nachdem das beginnt,
die gottgefügte Einheit sind,
die dann des Segens Gottes voll
bis an den Tod bestehen soll.
So kann man es in Markus 10
als Jesu Wort geschrieben seh'n.
Weil Jesu Wort auch heute gilt,
gibt es kein and'res Ehebild
wie Frau mit Frau und Mann mit Mann,
das in der Kirche gelten kann.
Ist das auch jetzt im Staat erlaubt,
kann Kirche, die an Jesus glaubt,
doch einen solchen falschen Schritt
nicht so ganz einfach machen mit.
Gott will, dass Kirche kritisch sieht,
was in der Welt da so geschieht,
und dass sie dabei nie vergisst,
was denn der Wille Gottes ist.

## Diakonissen und Pfarrerinnen

Mit ihrem christlichen Gewissen
auf Gott gerichtet, nicht auf's Geld,
so waren einst Diakonissen
zum Dienst an Kranken angestellt.

Erkenntlich schon an ihren Hauben
und an der einheitlichen Tracht,
so haben praktisch sie den Glauben
in Liebe Menschen nahgebracht.

Es hat sich in der Kirche drinnen
inzwischen viel geändert sehr.
Es gibt bei uns jetzt Pfarrerinnen.
Diakonissen gibt's nicht mehr.

Die Feministinnen sich freuen,
von ihnen kriegt die Kirche Lob.
Jedoch die Kirche wird bereuen,
dass sie die Wertungen verschob.

Die Kirche gleicht jetzt sehr dem Staate,
wo Herrschen, nicht das Dienen zählt.
Ich finde traurig es und schade,
dass das, was Jesus will, jetzt fehlt.

## Zwischen Modernismus und Traditionalismus

An einen Modernisten
Du sollst nicht immer dem Recht geben,
der etwas Neues sagt und schreibt;
man kann als Christ es doch erleben,
dass Christus Heiland war und bleibt.

An einen Traditionalisten
Du sollst dich nicht darauf versteifen,
was früher einmal man gelehrt.
Du solltest jetzt das Heil ergreifen,
das Jesus Christus dir gewährt.

Fazit
Man soll sich nicht von dem entfernen,
was Gott in Christus hält bereit,
doch sollte immer neu man lernen:
Wie hilft uns das in uns're Zeit.

# 4. Christ und Humor

*Zu den guten Gottesgaben*
*zählt es auch, Humor zu haben.*
*Deshalb möge mir gelingen,*
*Leser jetzt zum Lächeln bringen.*

## In der Reha-Klinik „Sachsenhof“

Die manuelle Therapie –
bei einer Reha kriegt man sie.
Das ist in diesem Hause hier
im Aufzug D, Etage vier.

Die Therapeutin sagte mir:
Wir geh'n in die Klinik vier.
Es ist viel Gutes dort passiert,
jedoch sie hat mich nicht verführt.

## In Bad Elster zur Reha

Weil man mich hier so gut behandelt,
hat sich mein Leiden schon gewandelt.
Geht es so weiter in Bad Elster,
dann werd' ich noch beim Laufen Schnellster;
und wenn ich Adelheid hier hätte,
dann lief mit ihr ich um die Wette,
und wenn ich dabei Sieger bleibe,
dann geh' ich in die nächste Kneipe,
damit mein Magen von dem Siege
auch eine kleine Freude kriege.
Jedoch ich bin mir da im Klaren:
Am Samstag wird nach Haus gefahren.

## Vor der Heimkehr

Ich saß zu meinem Henkersmahle
in unser'm großen Speisesaale,
und während ich noch fröhlich speiste,
da dämmert es in meinem Geiste.
Du musst die Schlamperei beenden,
bist wieder bald in festen Händen.

## Der Ersatzmann

Als wieder mal sich bei Renate
der jährliche Geburtstag nahte,
da wusste sie, es fehlt der Lothar,
weil der zu diesem Zeitpunkt tot war.

Da dachte sie: „Es kann nicht schaden,
dafür den Manfred einzuladen."
So werde ich dann zu ihr eilen,
um an dem Tag bei ihr zu weilen.

## Erkenntnisse eines deutschen Lesers

1. Von „Elsässer" gibt es Gerichte,
auf die ich immer mich sehr freu'.
Nun gibt's vom Elsässer Gedichte,
und das ist für mich ziemlich neu.

2. Der Flammkuchen mir stets gut schmeckte,
auch Gugelhupf war ein Genuss.
Doch was beim Lesen ich entdeckte,
ich ebenso nur loben muss.

3. Als ich noch an Herrn Schweitzer dachte,
der von Geburt Elsässer war,
und daran, was der Mann vollbrachte,
da wurde Folgendes mir klar:

4. Es ist doch Elsässer ein Name,
bei dem es stets um Gutes geht.
Das Wort allein ist schon Reklame.
Der Name steht für Qualität.

## In Ungarn

Ich bin früher mal vor Jahren
bis nach Ungarn hingefahren.
Was ich dann dort konnt' erleben,
will ich jetzt zur Kenntnis geben.
Weil zu essen ich begehrte,
ich in ein Lokal einkehrte
und ich saß in diesem drinnen
mit sehr schönen Ungarinnen,
konnte aber draußen sehen
einen Bus vorm Hause stehen,
worauf ich dann dieses wagte
und zu diesen Frauen sagte:
„Gern jetzt hätte ich gewusst: Da,
fährt der Bus da in die Puszta?"

## Die Autopanne

Geschehen ist dies einem Manne.
Er hatte einmal eine Panne
und musste dabei Hilfe holen.
Da saß er nun so wie auf Kohlen,

ob der ADAC bald käme
und 's Auto in die Werkstatt nähme.
Und während er nun dort verweilte,
zu ihm dann eine Dame eilte,
und es erzählte diese Holde,
dass sie ihm jetzt gern helfen wollte,
und legte neben ihn auch Sachen,
als ob sie das auch wollte machen.
Doch tat sie das, so wie ich meine,
an diesem Auto nur zum Scheine.
Sie hat das auch bald aufgegeben,
um dann im Auto zu erleben,
sie könnte Geld und Handy kriegen,
die vorn im rechten Fach mit liegen.
Jedoch es gab da nichts zu schnappen.
Es lagen dort nur alte Lappen.
So ist nichts Schlimmeres geschehen.
Die Dame musste traurig gehen.

## Gedanken einer Bio-Biene

Der Bio-Honig, den ich mache,
ist eine ganz reelle Sache,
denn ich, die ich zum Honig diene,
bin nämlich eine Bio-Biene.
Ob Norden, Osten, Westen, Süden,
ich nehme nur die besten Blüten;
und jederzeit mein Einsatz endet,
hat jemand Spülmittel verwendet.
Da will ich lieber völlig fasten
und bleibe brav in meinem Kasten
und leide für den Imker Qualen,
die dann die Leute gut bezahlen.

## In Südamerika

Erdacht ist die Geschichte,
die ich euch jetzt berichte:
Ich reiste mit dem Ziele
Bolivien und Chile
mit anderen Personen,
die auch in Sachsen wohnen,
wobei auch in den Anden
wir Unterkünfte fanden.
Es war auch die Roswitha
auf dieser Reise mit da.
Sie sprach mit einem Male
zu mir in einem Tale:
„Läuft auf dich zu ein Nandu,
wie reagierst denn dann du?“
Ich sprach zu ihr ganz ruhig:
„Das Folgende dann tu ich:
Ich schreie wie ein Tiger,
dann bleibe ich der Sieger,
denn hört das Tier die Laute,
verliert es alle Traute
und hat nur das Begehren,
auf's Schnellste umzukehren.“
Da ist die Frau vor allen
mir um den Hals gefallen,
weil ich von Angst vor'm Leide
sie damals ganz befreite.

## Ein Sachse und Bayern

Als ich einmal in Bayern war,
bekam ich Kaffee ohne Zucker.
Da dachte ich, ganz offenbar
sind hier die Leute arme Schlucker.

Stellt dort man Weißwurst mal vor mich,
damit ich sie dann bald verzehre,
dann wünsch' ich, dass mit Bockwurst ich
in meinem schönen Zwickau wäre.

Und rufen mich mal Bayern an
und wollen hier in Zwickau speisen,
dann werde immer ich sie dann
in unser Dünnebierhaus weisen.

## Ein Abschiedslied (Mel. „Morgen, Kinder …")

Morgen werd ich hier verschwinden,
und am nächsten Tage schon
wird man mich dann wiederfinden
bei der Operation.
Morgen geht es hier hinaus
und ich komm' ins Krankenhaus.

## Bei der Ärztin

Als neulich ich zur Ärztin kam,
die Schwester dort mir Blut entnahm.
Doch war es eine kurze Qual.
Es klappte schon beim ersten Mal.

## Die Pauluskantorei

In uns'rer Pauluskantorei
ist die Frau Müller auch dabei.
Wenn ich zur Übungsstunde bin
und schaue zu der Dame hin,
kommt mir Franz Schubert in den Sinn,
sein Werk „Die schöne Müllerin".
Und einmal habe ich's gewagt
und habe ihr das auch gesagt.

Das hat die Dame zwar erfreut,
doch habe ich es bald bereut,
denn jede, die das mitgehört,
hat heimlich sich da sehr empört,
denn jede Frau denkt heimlich sich:
Die Allerschönste bin doch ich.

## Eine gute Mischung

Heine, Busch und Erhardt mischend,
gab mir der Verlag bekannt,
dass am Ende herzerfrischend
Manfred Elsässer dann stand.
Doch weil mir es gar nicht schwer ward,
warf ich schnell dagegen ein:
Martin Luther und Paul Gerhardt
dürfen nicht vergessen sein.

## Bei einem Komponisten

Ich sah mal einen Komponist,
der bei dem Komponieren ist.
Ich trat dann diesem Menschen nah,
wobei ich diese Noten sah:
ein „a“, ein „b“, ein „g“ und „a“
stand alles auf dem Blatte da
und dann noch einmal „b“ und „e“.
Da tat es mir im Bauch gleich weh,
weil dieses ich da hab’ gedacht:
das hat er für den Staat gemacht.

## Fußballreminiszenzen

Es schoss einmal Herr Beckenbauer
den Freistoß mitten in die Mauer.
Da wurden all die ander’n sauer.
„Warum schießt denn du nicht genauer?
So geht das doch nicht auf die Dauer.
Das nächste Mal machst du das schlauer.
Sonst liegt ein and’rer auf der Lauer,
der macht das auch mit sehr viel Power.“

## Recht und Verzicht

Es ist das Vorrecht für den Mann,
dass er im Stehen pinkeln kann.
Die Frau kann das im Sitzen nur.
Das liegt nun mal an der Natur.
Doch kennt ein Mann auch den Verzicht:
„Im Stehen pinkeln kann ich nicht.
Es gibt der Sicherheit Gewinn,

setz' ich mich dabei lieber hin."
Denn wenn ein Mann beim Pinkeln steht,
auch mal ein Strahl danebengeht,
und wenn ein Mann das öfter tut,
tut das der Wohnung gar nicht gut.
Die Mannesehre nicht verletzt,
wenn sich ein Mann beim Pinkeln setzt;
und dabei trifft ein jedes Mal
das rechte Ziel ein jeder Strahl.

## Die Fernseh-Küchenschlacht

Viele wollen bei den Speisen
ihre Klugheit auch beweisen.
Doch was er Besond'res brachte,
Erwin zum Verlierer machte.

Seine schlechte Ratatouille
brachte ihn dann in Bredouille.
Da half ihm auch kein Erörtern
mit sehr vielen fremden Wörtern.

Wo sich Hobby-Köche streiten,
wenn die Speisen sie bereiten,
kann man vieles nicht verstehen.
Wenigstens kann man es sehen.

## Die guten Haferflocken

Als sie in diesen Laden sausten,
wo doch die miesen Maden hausten,
auch manche blieben braver hocken,
denn diese lieben Haferflocken.

## Im Ausland

Max ging zu einer Frau am Markt,
die Liebe zu genießen;
doch dort bekam er Herzinfarkt
und wurde eingewiesen.

Im Krankenwagen ins Spital,
wo er viel musste leiden.
Doch seiner Frau war es egal.
Sie ließ sich von ihm scheiden.

Wie man an diesem Beispiel sieht
mit seinem ganzen Grauen,
ist besser es, man bleibt solid
und meidet fremde Frauen.

## Musikalisches in Sachsen

1. In Sachsen und woanders nicht
   erlebte ich im Unterricht,
   dass mal ein Lehrer so ganz schlicht
   als Frage zu den Schülern spricht:

2. „Bei einer halben Note man
   dann diese auch verlängern kann,
   wenn einen Punkt man setzt daran.
   Wie lang ist diese Note dann?"

3. Da meldete sich die Marie.
   Und auf die Frage sagte sie:
   „Sie ist genauso lang dann wie
   beim ‚Bliemchengaffee' dieses ‚i'."

## Frau N. in unserem Kreise

Ich sah da neulich ganz erschrocken
Frau Erika mit ihren Locken
bei uns in unser'm Kreise hocken.
Sie aß da bei uns Haferflocken.
Das brachte bald mich auf die Socken.
Ich fragte dann die ander'n trocken:
„Will diese Frau uns völlig schocken?
Will sie von uns das Geld abzocken,
vielleicht in eine Falle locken?"
Das wäre dann ein harter Brocken,
will so etwas sie hier verbocken.

## Leipzig-Schönefeld

Es gilt Leipzig-Schönefeld
als der schönste Ort der Welt
unter unser'm Himmelszelt,
an dem man ganz ohne Geld
schnell ein frohes Herz erhält,
und wo jedem es gefällt,
der sich da hinzugestellt.
Dieses habe unverprellt
ich vor Kurzem festgestellt.

## Tragik und Glück

Als wegen eines Glases Bier
ich in der Kneipe war,
da legte Egon Meier mir
als sein Problem dies dar:

„Dass meine Frau gut kochen kann,
das schätze stets ich sehr.
Doch schließlich bin ich auch ein Mann
und will noch etwas mehr.

Dass dieses kann bei mir gescheh'n,
was meine Frau verwehrt,
muss ich zu einer Hure geh'n,
die es für Geld gewährt."

Drum seid auf eurer Männer Glück,
ihr Frauen, stets bedacht.
Ihr kriegt es doppelt dann zurück,
das, was euch glücklich macht.

## Krankenhaus und Gefängnis *(in Welt der Poesie 16)*

Als man ins Krankenhaus mich steckte,
ich folgendes dann dort entdeckte:
Das Zimmer ist auf alle Fälle
dort größer als im Knast die Zelle.
Die Dusche auf der Toilette
man in dem Knast wohl auch nicht hätte.
Auch kann man Freundlichkeit erleben,
die sie Insassen dort nicht geben.
Auch kann man in das Café gehen.
Das kann im Knast so nicht geschehen.
Und man beobachtet nicht jeden,
wenn zwei mal miteinander reden.
Und so nach höchstens vierzehn Tagen
kann meist man schon Adieu dort sagen.

## Gescheiterte Fluchtgedanken *(in Welt der Poesie 16)*

Er fühlte sich in Deutschland so,
dass er am liebsten hier entfloh.
Ein Inselchen im Ozean,
das hatte es ihm angetan,
wo einen nicht ein Fremder stört,
wo man nicht so viel Blödsinn hört
und auch nicht in der Zeitung liest,
stattdessen die Natur genießt.
Doch dachte er: Bei diesem Schritt
nehm' ich auch meine Freundin mit.
Doch ehe sie da mitgemacht,
hat sie erst einmal nachgedacht
und sagte dann ihm zum Verdruss,
dass sie in Deutschland bleiben muss.
„Ich kann nicht auf die Insel flieh'n.
Ich brauche täglich Insulin."

# 5. Christ und Bibel

*Als Pfarrer es mir darum geht,*
*dass das, was in der Bibel steht,*
*als das von Gott gesetzte Heil*
*auch heute Menschen wird zuteil.*

## Jesus und seine Titel

Weil doch für jeden, der ein Christ,
besonders Jesus wichtig ist,
Ihn uns das Neue Testament
mit ganz verschied'nen Titeln nennt.

Schon wenn es „Jesus Christus" sagt,
es damit das Bekenntnis wagt,
dass Er gesalbt zu einem Amt,
das wichtig für uns allesamt.

Sagt es von Jesus „Gottes Sohn",
dann meint es, dass Er als Person
so völlig Gott, dem Vater, gleicht,
wie das kein and'rer Mensch erreicht.

Der Ausdruck „König" mit Bedacht
weist hin auf seine große Macht,
dass Ihn besond're Würde ziert,
weil Er im Himmelreich regiert.

Beim Ausdruck „Herr" war damals klar,
dass Herrscher Er von Sklaven war.
Er hat stets zu befehlen Recht.
Ihm dienen muss des Herren Knecht.

Wenn man von Ihm als „Meister“ spricht,
ist von Ihm lernen Schülerpflicht.
Dabei sei jedes Christen Ziel,
dass man von Ihm lernt möglichst viel.

Heißt Jesus unser „guter Hirt“,
dann heißt das, dass Er führen wird,
uns sicher leitet durch die Zeit
bis hin zu Gottes Ewigkeit.

Und will der unser „Bruder“ sein,
dann lädt Er alle dazu ein,
dass auch von uns ein jedermann
Gott unsern Vater nennen kann.

Er ist auch „Heiland“ aller Welt,
der Heil in seinen Händen hält,
und dem, der an Ihn glaubt, es gibt,
weil Er uns Menschen doch so liebt.

Auch „Arzt“ nennt Ihn die Bibel oft,
der gern dem hilft, der auf Ihn hofft,
und „Retter“, „Helfer“ aus Gefahr,
der oft geholfen wunderbar.

Auch nennt sich Jesus „Menschensohn“,
der einmal von des Himmels Thron
aus halten wird das Weltgericht,
wo er das letzte Urteil spricht.

## Pfarrer und Christen heute

„Paulus ist für uns erledigt,
was er schrieb, das gilt nicht mehr …“,
sprach ein Pfarrer in der Predigt.
Klug kam er sich vor da sehr.

Hätte er zuvor gebetet,
dass Gott seinen Geist ihm schenkt,
hätte er nicht so geredet,
weil ein Christ dann christlich denkt.

Ich find' gut, dass Jesus mahnte,
wie man Christlichsein beginnt;
ob er damals wohl schon ahnte,
wie die Christen heute sind?

## Martin Luther und das Abendmahl

In seiner Schriften großer Zahl
schreibt Luther auch vom Abendmahl,
verwendet dabei den Begriff:
Das Abendmahl ist wie ein Schiff,
in das ein Mensch auch steigen muss,
soll es ihm werden zum Genuss.
Und wie da nötig, dass er steigt,
ist dort es, dass er Glauben zeigt.
So wie ein Schiff den See bezwingt
und zu dem ander'n Ufer bringt,
hilft dies, dass man ein Sakrament,
weil Christus gegenwärtig, nennt
aus dieser Welt und dieser Zeit
zu Gott in seine Ewigkeit.

## Reichtum, Jesus und wir (Matth. 19, 16–26)

Es war einmal ein reicher Mann,
dem war es gar nicht gleich,
ob er als solcher kommen kann
auch in das Himmelreich.

Er ließ es nicht auf dem beruh'n,
was er bisher getan.
Er wollte noch mehr Gutes tun.
Das war kein leerer Wahn.

Er machte sich zu Jesus auf,
hat Ihn darum gefragt.
Als Antwort wurde ihm darauf
dann Folgendes gesagt:

„Es wird erlöst aus aller Not
und geht zum Leben ein,
der hält, was Gott, der Herr, gebot,
Ihm will gehorsam sein."

Darauf der Mann zu hören gab:
„All die Gebote doch
ich jederzeit gehalten hab'.
Nun sag, was fehlt mich noch?"

Da hat es ihm dann nicht gepasst,
dass Jesus zu ihm sprach:
„Verkaufe alles, was du hast,
gib's weg und folg' mir nach!"

So radikal sein im Verzicht,
das war für ihn ein Schreck.
Er konnte es von Herzen nicht.
D'rum ging betrübt er weg.

Dabei hat Jesus nur erklärt,
dass Gott es darum geht,
dass Er für uns als höchster Wert
an erster Stelle steht.

Dass einem Reichen ist erschwert
der Weg zum Himmelreich,
dann Jesus klar die Seinen lehrt
mit folgendem Vergleich.

Er spricht von einem Nadelöhr,
wo ein Kamel durchmuss.
Das ist für viele ein Malheur,
bereitet viel Verdruss.

Es war wohl Jesus dabei klar,
dass man sich da entsetzt,
denn leider ist beim Menschen wahr,
dass er sich überschätzt.

Begrenzt ist stets des Menschen Kraft,
auch Sünde schränkt ihn ein.
Nur Gott im Himmel alles schafft,
kann stets Gewinner sein.

So wie Maria ohne Mann
das Jesuskind gebar (Luk. 1, 34–38),
Gott auch den Tod bekriegen kann.
Das wurde Ostern wahr (Markus 16 und par.).

So es auch Gott, dem Herrn, gelingt,
dass Er von Schuld befreit
und nach dem Tod uns Christen bringt
in Seine Ewigkeit.

## Das Hohelied der Liebe – 1. Kor. 13

Wenn wir keine Liebe haben,
fehlt die beste aller Gaben.
Dann gleicht uns're Redens Menge
nur der Eisenhämmer Klänge,
und es würde dann nichts nützen,
wenn wir uns auf Glauben stützen
und wir sogar Geld und Leben
würden für die Armen geben.
Liebe will zu allen Zeiten
echte Freundlichkeit bereiten,
und sie tut getrosten Mutes
auch den ander'n Menschen Gutes.
Liebe überwindet Mauern,
und sie wird auch überdauern,
wenn uns and're mit Vergnügen
suchen, Böses zuzufügen.
Liebe kann es auch ertragen,
wenn uns and're Freches sagen,
lässt sich niemals so erbittern,
dass man muss vor Rache zittern.
Liebe lehrt uns auch Verzichten
und Nicht-über-and're-Richten.
Liebe lässt es froh erleben,
dass wir Menschen Schuld vergeben.
Echte Liebe schenkt auch Klarheit,
und sie freut sich an der Wahrheit.
Geht bei uns es um's Verhalten,
wie das Leben wir gestalten,
dann sei stets auf alle Fälle
Liebe an der ersten Stelle.

## Maria und der Engel Gabriel (nach Lukas 1)

Es gab dem Engel Gabriel
einst Gott im Himmel den Befehl:
„Du sollst nach Nazareth jetzt geh'n
und dort nach der Maria seh'n,
und wenn du sie gefunden, sprich:
Ich, Gott, der Herr, erwählte dich,
dass bald du Jesus bringst zur Welt,
bei dem es sich dann so verhält,
dass er dem König David gleich
wird Herrscher sein in seinem Reich,
doch mehr noch als von dem bekannt
ein Sohn des Höchsten wird genannt,
der herrschen wird in Ewigkeit
als einzigartig weit und breit!"
Maria fragte da: „Wie kann
das werden ohne einen Mann?"
Der Engel sprach: „Durch Gottes Kraft
kommt es zu dieser Schwangerschaft,
und weil gewirkt durch Gottes Geist,
dann Jesus Gottes Sohn auch heißt."
Da hat Maria ihm gesagt:
„Ich bin ja nur des Herren Magd.
Drum bin ich der Erwartung voll,
was nun mit mir geschehen soll."

## Jahreslosung 2016 – Jes. 66, 13

Geht's euch im Leben gar nicht gut,
scheint eure Not am größten,
spricht Gott: Wie's eine Mutter tut,
so will ich stets euch trösten.

Als größten Trost hält Gott bereit,
was Christus uns gegeben,
dass wir in Seiner Herrlichkeit
bei Ihm dann ewig leben.

## Das Beispiel des Paulus (1. Tim. 1, 12–17)

Es zeigte Paulus aller Welt,
wie Gott barmherzig sich verhält,
dass Er auch Menschen sich erwählt,
die man zu größten Sündern zählt.

Er macht selbst uns offenbar,
dass er ein Feind der Christen war;
doch gibt er dankbar auch bekannt,
dass Christus dann ihn überwand.

Er hat sich auch zu ihm geneigt
und ihm Barmherzigkeit erzeigt,
denn Seine Gnade ist so groß,
dass sie von größter Schuld macht los.

Sein Beispiel soll uns Lehre sein:
Lass dich auf Jesus Christus ein,
weil Er auch dich erneuern kann!
Dann fängt ein bess're Leben an.

## Altersgemäße Blickrichtung

Ich will in den alten Tagen
nicht nach Geld und Ehre jagen,
nicht nach irdischen Gelüsten,
um mich damit noch zu brüsten,
und so vielen ander'n Dingen,
die nur scheinbar Freude bringen,
vielmehr letztlich Sorgen machen
und so manchen Streit entfachen.
Bei dem, was die Welt kann bieten,
bin ich jetzt mit dem zufrieden,
was als Menschen wir an Gaben
für das Leben nötig haben.
Doch ich will nicht d'rauf verzichten,
ganz mein Leben auszurichten
auf das, was nach diesem Leben
Gott an Herrlichkeit will geben.
Ich will jenen Frauen gleichen,
die das Ziel auch dann erreichen,
die in himmlisch großem Saale
mit sind bei dem Hochzeitsmahle (Matth. 25, 1–13),
will das Schönste nicht verpassen,
das uns Gott will schauen lassen,
als von allem Erdenleide
dann in Ewigkeit befreite,
Herrlichkeiten ohne Ende,
wie man schöner sie nie fände (Off. 21).

## Matthäus 5, 13f

Es sei darauf hingewiesen,
dass es Christus hat verhießen:
Wer zu Ihm gehört, der werde
Licht der Welt und Salz der Erde.

Nur im Licht ein Mensch kann sehen
und die rechten Wege gehen,
die Gefahren überwinden
und das rechte Ziel dann finden.

Beim Bereiten von Gerichten
kann auf Salz man nicht verzichten,
sonst kann jeder schnell entdecken,
dass die Speisen fade schmecken.

So soll Christsein dazu führen,
dass die ander'n Menschen spüren:
Man kann Kraft bei ihnen merken,
die sie treibt zu guten Werken.

Dass man solche Kraft gewinne,
sollte stets ein Christ die Sinne,
bittend auch auf Gott hinlenken.
Er will diese Kraft uns schenken.

## Erkennen und Tun

Die ander'n Menschen zu ertragen,
war auch für Jesus Grund zum Klagen (Matth. 17, 17),
denn Er erkannte deren Wesen
und konnte auch Gedanken lesen (Matth. 9, 4).

Und doch war Er für alle Fälle
bei Menschen segensreich zur Stelle,
wenn eig'ne Schwachheit sie erkannten
und sich an Ihn als Helfer wandten.

Er hat sogar sein ganzes Leben
für uns als Menschen hingegeben,
dass nach dem Tode hier auf Erden
für ewig wir gerettet werden.

So sollen, die sich Christen nennen,
die ander'n Menschen recht erkennen
und trotz der Menschen Sünde ihnen,
so gut sie es vermögen, dienen.

## Vom Sinn der Zweinaturenlehre

Von einem Mensch, der Jesus hieß,
behauptet nun die Bibel dies,
dass Er von göttlicher Natur
und nicht wie alle ander'n nur.

Doch warnte einst Melanchthon schon
vor aller Spekulation,
wie sich bei Jesus das verhält
als Gott und Mensch in dieser Welt.

Man gebe lieber auf das acht,
was Jesus hat für uns vollbracht,
dass Er von Sünden frei gemacht
und führt zur ew'gen Gottespracht.

Dies alles nehme gläubig man
als Gottes Gnadengaben an

und sei für alle Lebenszeit
als Dank zum Dienst für Ihn bereit.

## Geheimnis des Glaubens

Wir Theologen müssen wagen
den Menschen klipp und klar zu sagen,
dass beim Theologie-Betreiben
auch manches muss Geheimnis bleiben,
auch wenn wir dabei es begehren,
recht viel zu wissen uns zu lehren.

Doch Gottes Wesen ganz erhellen,
das heißt, sich über Ihn zu stellen;
und solches freche Unterfangen
kann nie zu gutem Ziel gelangen.

Wir deshalb uns zu dem bekennen,
was wir Chalcedonense nennen,
so wie die Väter einst entschieden,
als in Chalcedon sie berieten,
wie sie am besten da verfuhren
mit Jesu Christi zwei Naturen,
die sie nicht mischten und nicht trennten;
und damit ließen sie's bewenden.

Auch Luther war sich da im Klaren,
er müsse das Geheimnis wahren,
das in dem Abendmahlsgeschehen,
weil Christus da ist, muss bestehen,
wo er auf Gottes Wort gegründet,
reale Gegenwart verkündet,
als Ulrich Zwingli und Genossen
mit ihren Lehren ihn verdrossen.

Dies mag als Beispiel uns genügen,
dass wir als Christen uns begnügen
mit dem, was Gott uns kundgegeben
zum recht erfüllten Glaubensleben,
was als von Gott geschenkte Gaben
wir uns're Bibel lesend haben.

## Das vierfache lutherische „Allein" (solus bzw. sola)

solus Christus – allein Christus

1. In Christus hat uns Gott erwählt,
das ist für uns der Fakt, der zählt.
Dass Er für uns Sein Werk vollbracht,
ist, was vor Gott gerecht uns macht.

sola scriptura – allein die Heilige Schrift

2. Es ist der Bibel klarer Sinn,
dass sie uns weist auf Christus hin.
So hat sie darin ihren Wert,
dass man genug von Ihm erfährt.

sola gratia – allein aus Gnade

3. In Christus hat uns Gott beschenkt,
durch Ihn Gott an Vergebung denkt.
Er sagt zu uns: Es ist genug,
dass Er für euch die Strafe trug.

sola fide – allein durch Glauben

4. Drum nehmt nun das im Glauben an,
was euch für immer retten kann.
Der Schreck ist da, nun löst ihn ein!
Er wird für ewig Heil euch sein.

## In einer Kirche *(in Ly-La-Lyrik 26)*

Es soll allein um Gottes Reich
in einer Kirche gehen,
drum macht sie nicht den Orten gleich,
die wir ansonsten sehen!

Jetzt wird viel Beifall da gezollt,
wenn Schönes wir erleben.
Jedoch die Bibel sagt: Ihr sollt
dort Gott die Ehre geben.

Benutzt man Kirchen als Versuch,
den Ehrgeiz dort zu stillen,
dann sagt dazu das Bibelbuch:
Das ist nicht Gottes Willen.

Drum stellt das Beifall-Klatschen ein,
um Menschen so zu ehren.
Es sollen Kirchen Orte sein,
mit Gott recht zu verkehren.

Wenn es um eine Kirche geht,
will ich auf das verweisen,
das von ihr in der Bibel steht:
Sie soll ein Bethaus heißen.

Drum hört dort recht auf Gottes Wort,
nehmt glaubend Sakramente
und betet, lobt und bittet dort
Gott, dass Er Segen sende.

# 6. Christ und Mitmensch

*Es kann kein Mensch für sich allein*
*auf dieser Erde lebend sein.*
*Drum sei an solche jetzt gedacht,*
*die etwas Freude mir gebracht.*

## Die Aushilfsschwester Nancy

Alte Leute, wenn sie
hier sind eine Zeit,
loben sie Nancy,
die voll Freundlichkeit;

Denn schon ihre Mienen
drücken dieses aus:
Ich will gern euch dienen
hier in diesem Haus.

Solche Liebe spüren,
die aus Herzensgrund,
wird auch dazu führen,
dass man wird gesund.

## An A. G.

Bei allem, was mit uns geschah
in guten wie in schlechten Zeiten:
wir waren füreinander da,
zu helfen, Freude zu bereiten.

Wir hoffen, dass in Ewigkeit,
der Christen ja entgegengehen,
wir uns, von allem Leid befreit,
dann ewig werden wiedersehen.

## Bei der Physiotherapeutin

In Zwickau zu der Therapeutin
geh' jedes Mal ich hocherfreut hin,
denn durch die Art, wie sie behandelt,
mein Schicksal sich zum Guten wandelt.

Bei ihren liebevollen Händen
muss bald schon alles Leiden enden,
denn diese auf der Haut zu spüren,
das muss doch zur Gesundung führen.

Ich würde gern es noch erleben,
mich ganz in ihre Hand zu geben.
Doch darauf muss ich wohl verzichten.
Ich kann nur träumend davon dichten.

## Revanchegedanken

Mit operiertem linken Knie
kam ich zur Physiotherapie.
Dort hatte eine Dame ich,
die sorgte rührend sich um mich.
Nun fand zum zweiten Mal es statt,
dass sie mich dort behandelt hat;
und weil das Streicheln ihrer Hand
ich als so angenehm empfand,
da hab' ich, als sie das gemacht,
ganz heimlich dann bei mir gedacht:
„Wie fange ich es denn nun an,
dass ich's bei ihr auch machen kann?
Es könnte dabei mehr auch sein
als wie bei mir das linke Bein."

## Die Physiotherapeutin W.

Was heute ich bei ihr erlebte,
dass machte, dass das Herz mir bebte.
Es hatte sie zu mir Vertrauen
und ließ mich in den Ausschnitt schauen,
und was ich da bei ihr erblickte,
mein altes Auge sehr entzückte.
So kann man mit ganz simplen Sachen
den ander'n Leuten Freude machen.
Sie weiß ja auch, wie ich so denke,
dass ich ihr mein Vertrauen schenke,
musst' ich um der Behandlung wegen
mich halbnackt auf die Liege legen.
Wenn ihre Hände mich berühren,
weiß ich, sie will mich nicht verführen,
sie will nur mir bei meinem Leiden

recht schnelle Besserung bereiten,
will durch das Wirken ihrer Hände
dem Knie verschaffen gutes Ende,
dass sie an mir es selbst kann sehen:
Der Mann kann wieder besser gehen.
Und deshalb hab ich dieser Lieben
als Dank hier das Gedicht geschrieben.

## Margot Hönemann

Es zieht mich alles Schöne an.
D'rum schrieb ich Margot Hönemann.
Sie macht es an mich ebenso.
Und das macht mich von Herzen froh.
Ich wünsche, dass das auch so bleibt
und sie mir weiter fleißig schreibt.
Ich werde das auch weiter tun,
bis ich mal werd' im Grabe ruh'n.

## Kunst und Leben

Sieht hier bei dem Diana-Akt
man eine Dame splitternackt,
dann regt, was man da sehen kann,
natürlich mich besonders an.
Es ist mir selbstverständlich klar,
dass dies der Römer Göttin war,
jedoch ich dabei mit Genuss
an die Diana denken muss,
die heute lebt und W. (Punkt) heißt,
zu der ich oft schon hingereist,
wo schöne Tage ich verbracht,
als ich dort Urlaub hab gemacht.

Und dieser Frau Diana gilt
mein Denken hier bei diesem Bild.
„Wie wäre es doch wunderschön,
könnt' so ich diese Dame seh'n!"
Doch leider wohl geschieht das nie.
Es bleibt bei mir nur Phantasie.

## Das Pfarrerehepaar G. und wir

Als Pfarrer hat von Amtes wegen
natürlich man auch Amtskollegen.
Ich war schon in dem Ruhestande,
als ich so langsam es erkannte,
dass ich in G. den Mann gefunden,
dem ich als Pfarrer so verbunden,
wie mir in den vergang'nen Jahren
noch niemals Pfarrer nahe waren.
Auch gegenseitig uns're Frauen
begegneten sich mit Vertrauen,
sodass ein jeder langsam merkte:
Die Freundschaft stets sich mehr verstärkte.
Uns wurden Selbstverständlichkeiten,
einander Freude zu bereiten,
was dann besonders ist geschehen,
wo Schwierigkeiten wir gesehen.

Von Gottes Geist dazu getrieben,
fiel es uns leicht, uns recht zu lieben.
Ein jedes Mal wir es genaßen,
wenn wir zu viert beisammensaßen.
Natürlich ließ sich nicht vermeiden
dann stets das Voneinanderscheiden.
Doch hofften stets wir, dass auf Erden
wir bald uns wiedersehen werden.

Wenn einer uns durch Tod entrissen,
dann werden wir ihn sehr vermissen.

Doch steht ja uns der Himmel offen,
weil wir auf Jesus Christus hoffen,
der durch das Werk, das Er vollbrachte,
den Weg dorthin uns gangbar machte,
sodass nach irdischem Geschehen
wir uns im Himmel wiedersehen,
es gibt weder Tod noch Leiden
und auch kein Voneinanderscheiden,
stattdessen, anders als hier heute,
nur wunderschöne Pracht und Freude.

## Zwei Menschen in Ost und West

So manches tragische Geschick
geschah an Menschenleben,
als es die Bundesrepublik
und DDR gegeben.

Als man die Mauer dort gebaut,
damit sie Flucht verhindert,
hat man in Erlangen geschaut,
wie man den Schaden mindert.

Sie dachten sich, die Deutsche Post
wird, wie sie war, doch bleiben.
Drum kann man doch von West nach Ost
und umgekehrt sich schreiben.

So teilten sie Adressen aus
in ebendiesen Zeiten,
damit man kann von Haus zu Haus
sich Freude dann bereiten.

So kam bei mir dann irgendwann,
zunächst um mich zu testen,
ein schöner Brief bei mir mal an
von einer aus dem Westen.

So langsam haben wir erkannt
in diesen unser'n Briefen,
dass doch so manches uns verband,
das wollten wir vertiefen.

So kam es dann zu dem Termin
nach ungefähr zwei Jahren,
dass sie, wie es uns günstig schien,
nach Leipzig ist gefahren.

Doch als in Leipzig-Schönefeld
neun Tage sie verbrachte,
da merkte sie, ich bin kein Held,
so wie sie sich das dachte.

Es machte sich Enttäuschung breit,
obwohl sie Liebe spürte,
was dann zu meinem großen Leid
zu der Entfremdung führte.

Doch später hat es Wechsel dann
bei ihr im Herz gegeben.
Sie wollt' mit mir als Ehemann
dann doch zusammenleben.

Nur war es eben nun zu spät,
dass es dazu gekommen.
Ich hatte, wie es halt so geht,
'ne and're mir genommen.

Ich hing zwar noch etwas an ihr,
weil wir mal Freunde waren;
doch ob sie immer bleibt bei mir,
war ich mir nicht im Klaren.

Ich dachte mir: Auch außerdem,
will sie nun bei mir bleiben,
dann gibt es da noch ein Problem,
das müsste ich ihr schreiben.

„Wenn Du für immer bei mir bleibst –
darauf ist hinzuweisen –
kannst Du zur Mutter, die Du liebst,
dann plötzlich nicht mehr reisen.

Du bist bei uns hier eingesperrt,
so wie die ander'n Leute;
dann wird gewiss von Dir geplärrt,
das höre ich schon heute.

Dann sprichst Du zu mir: „Wegen Dir
bin ich hierhergezogen.
Ich fühle mich vom Leben hier
enttäuscht und auch betrogen."

So bleib ich hier im Sachsenland,
und sie bleibt dort im Westen,
denn beide haben wir erkannt:
So ist es doch am besten.

## Ein Wiedersehen

In Leipzig hat ereignet sich,
was ich jetzt hier beschreibe,
da ging einst wegen Hunger ich
allein in eine Kneipe.

In dieser längst vergang'nen Zeit
war seelisch ich sehr nieder.
Da traf ich dort die Adelheid
aus meiner Klasse wieder.

Da freuten wir uns dann zu zweit,
dass wir uns dort gefunden,
und plötzlich war der Seele Leid
aus meinem Herz verschwunden.

Sehr wichtig war uns dieser Fakt.
Zu groß war uns're Freude,
und deshalb halten wir Kontakt
seit dieser Zeit bis heute.

## Adelheid und andere

Es gab auf Erden weit und breit
einmal zu irgendeiner Zeit
auf Erden keine schön're Maid
als Du es warst, oh Adelheid,
in Deinem roten Abendkleid.
Und ihr, die ihr vielleicht aus Neid
und ander'n Gründen nicht bereit,
mir völlig zuzustimmen seid,
bekommt mit mir dann dafür Streit.
Und darum seid doch so gescheit

und meidet ein so großes Leid
und macht dafür die Herzen weit,
dass ihr nicht nach Vergeltung schreit,
mir vielmehr das Gedicht verzeiht,
das ich der Adelheid geweiht.

## „Für Elise" (Beethoven) – und Adelheid

Ich denke gern an Adelheid,
die allezeit
dazu bereit,
dass sie mir eine Hilfe war,
die offenbar
sie gern bot dar.
Nun sind wir alt
und an Gestalt
nicht wie vor Jahr'n
wir einmal war'n.
Jedoch was einstmals uns verband,
das hat Bestand,
wie wir erkannt.

## Möglichkeit der Menschenkenntnis

Willst die Menschen du erkennen,
die auch, die sich Freunde nennen,
finde ich, es ist am besten,
sie so richtig mal zu testen,
ob sie gut es mit dir meinen
oder freundlich nur erscheinen.
Würdest du sie nur mal fragen,
würden sie es dir nicht sagen,
was sie wirklich von dir denken,

und dir reinen Wein einschenken.
Und was sie an Schlechtem taten,
werden sie dir nicht verraten,
aber nicht darauf verzichten,
das von sich dir zu berichten,
was an Gutem sie vollbrachten
und für and're Leute machten
und vielleicht auch nur erfinden,
denn sie wollen Eindruck schinden.
Wollen sie dich nur umgarnen,
möchte ich vor ihnen warnen,
denn es ist das mein Begehren,
den Enttäuschungen zu wehren,
die bei denen wir erfahren,
die nie wahre Freunde waren.

## Bei der Physiotherapie

Wenn ich bei Ihnen hier erschienen,
erhellten stets sich meine Mienen,
denn immer merkte ich bei Ihnen:
Sie wollen der Gesundung dienen.
Mög' Ihnen es noch oft gelingen,
dass Sie den Leuten Hilfe bringen,
und sie, wenn diese sie empfingen,
stets dankbar dann nach Hause gingen.

## Telefonisch gewonnene Erkenntnisse

Wenn zu Hause, wo ich wohne,
ich mal greif' zum Telefone,
suche ich durch Klingelzeichen
manchmal Karin zu erreichen.

Jedes Mal ich bei ihr staune
über ihre gute Laune;
ich kann auch durch blödes Quasseln
diese nicht bei ihr vermasseln.

Liebe Karin[1], du bist prima,
du verbreitest gutes Klima.
Wenn das alle Menschen täten,
gäbe es nicht so viel Schäden.

Wer mich überhäuft mit Schätzen,
dessen Namen einzusetzen,
hatte ich mir vorgenommen.
Dazu ist es nicht gekommen.

Was durch Sympathie erworben,
sei durch Mammon nicht verdorben;
deshalb will ich von Euch dichten
und auf's Geld dabei verzichten.

## Ein Tierparkbesuch mit Erinnerungen

Als ich einmal im letzten Jahr
in Hirschfeld in dem Tierpark war,
da hab' ich im Vorübergeh'n
auch einen schönen Pfau geseh'n,
der wunderbare Federn trug,
mit denen er ein Rad dort schlug.
Als ich ihn sah in seiner Pracht,
hab' an Christine ich gedacht,
und dies geschah in meinem Geist,
weil Pfau wie dieses Tier sie heißt.

---

1 Statt Karin kann auch eingesetzt werden: Brunhild, Birgit, Christa oder Ulla, deshalb Nachtrag:

Sie war gewiss als junge Frau
genauso schön wie dieser Pfau,
der mich, als mein Besuch fand statt,
an diese Frau erinnert hat,
bei der ich damals Feuer fing,
als sie in meine Klasse ging.
Zwar weiß von dieser Frau ich dies,
dass früher mal sie Teichmann hieß
und erst zur Hochzeit durch den Mann
dann Pfau zu heißen sie begann.
Doch danke ich jetzt diesem Tier,
denn es bewies mal wieder mir:
Es hat doch seinen guten Sinn,
wo ich mal hin und wieder bin.

## Eine Romanze

Mir hat ein Mann bekanntgegeben:
Es war einst niemals sein Bestreben,
in der Stadt Zwickau hier zu leben.
Doch durch die Liebe blieb er kleben.

Er konnte einstmals hier erschauen
die allerschönste von den Frauen.
Er hatte gleich zu ihr Vertrauen,
um auf das Glück mit ihr zu bauen.

Das war ihm eine große Freude,
weshalb der diesen Schritt bis heute
im ganzen Leben nie bereute.
Das gilt wohl nicht für alle Leute.

## Amtseinführung einer Pfarrerin

Dass wir jetzt hier versammelt sind,
hat darin seinen Sinn,
dass heute hier den Dienst beginnt
die neue Pfarrerin.

Bei Pfarrer Hecker sehen wir:
Es ist die Freude groß,
denn er ist mit dem Tage hier
die Hauptvertretung los.

Die Gottesdienste hier jetzt hält
Maria Bartels jetzt,
der ganz gewiss es sehr gefällt,
wenn diesen Dienst man schätzt.

Die Amtshandlungen insgesamt
zu halten hier im Ort,
gehört bei ihr jetzt zu dem Amt.
Sie sagt da Gottes Wort.

Im Konfirmandenunterricht,
wo sie die Kinder lehrt,
da nehme ernst man, was sie spricht.
Die Botschaft ist es wert.

Wenn sich ein Christenkreis nun trifft,
ist immer sie dabei,
verkündigt dabei aus der Schrift,
was für uns wichtig sei.

Dass sie auch zum Konvent erscheint,
erfreut uns Pfarrer sehr,
weil jeder gut es mit ihr meint,
kommt sie dann zu uns her.

## Die Gemeindehelferin

Es schafft allein des Christen Glaube
dem Leben seinen wahren Sinn;
und deshalb wurde Gerda Knaupe
bei uns Gemeindehelferin.

## In der Gedächtniskirchgemeinde –

sie ist in Leipzig-Schönefeld –
von dem Posaunenchor ich meinte,
dass das Dabeisein mir gefällt.

So habe ich dort mitgeblasen,
wenn man stets donnerstags sich traf
und übend wir beisammensaßen.
Die Leitung hatte der Herr Graf.

Doch nicht nur Blasen er uns lehrte,
er war nicht Übungsleiter nur.
Es waren auch die Glaubenswerte,
die man als christlich dort erfuhr.

Es war dabei nichts Ideales,
was er uns Jungen teilte mit.
Wir spürten da so manches Mal es,
wie selbst er an der Kirche litt.

Er lehrte Welt und Kirche sehen,
so wie in Wirklichkeit es ist,
und dabei fest im Glauben stehen
als ein von Gott bestimmter Christ.

Ich musste oft schon an ihn denken,
weil er als Christ darauf bedacht,
uns aus Erfahrung das zu schenken,
was Christsein lebensfähig macht.

## Die gute Therapie (zu singen nach der Melodie: Flieg, Maikäfer, flieg)

Ich war zur Therapie
einst wegen meinem Knie.
Vom Haus verrate ich noch dies,
dass es nach der Frau Pirgl hieß.
Ich war zur Therapie.

Ich wurde dort massiert.
Doch sonst ist nichts passiert.
Die Jenni war zwar zu mir lieb,
doch alles streng in Grenzen blieb.
Ich wurde dort massiert.

Gern hab ich dort geweilt.
man hat mich dort geheilt.
Nun ist gesund mein linkes Bein,
drum will ich Jenni dankbar sein.
Gern hab ich dort geweilt.

Bald kommt das rechte dran.
Da geh' ich wieder dann
zu jener, die sich Jenni nennt,
die lieb ist und die mich schon kennt.
Bald kommt das rechte dran.

## Beim Orthopäden

Beim Orthopäden ist's gescheh'n.
Da musst' ich in ein Zimmer geh'n,
in das dann eine Schwester kam,
damit sie von mir Blut entnahm,
und dabei hat sie festgestellt,
dass sie es schlecht von mir erhält.
Da fiel der jungen Dame ein:
Es könnte dabei hilfreich sein,
sagt sie zu mir ganz liebevoll,
dass ich an etwas denken soll,
was mir besonders Freude macht.
Da habe ich bei mir gedacht:
Wenn sie von mir zu hören kriegt,
was da mir jetzt vor Augen liegt,
vermute ich, dass ganz bestimmt
sie, was ich sage, übelnimmt.
So habe ich es nicht gewagt
und, was ich fühlte, nicht gesagt.
Ich war darüber herzlich froh.
Denn, siehe da, es ging auch so.

## Die Krankenschwester *(in Welt der Poesie 16)*

Weil hier im Haus zu meiner Freude
die Schwester stets mich gut betreute,
ist jetzt mein inniges Begehren,
sie hier mit einem Vers zu ehren.

## An Herrn Nötzold *(in Ly-La-Lyrik 26)*

Es dürfen ruhig alle lesen:
Sie sind ein Vorbild mir gewesen
beim Einfach-nicht-mehr-Mitzumachen
bei nicht von Gott gewollten Sachen.

## Frau Berger und ich *(in Ly-La-Lyrik 26)*

Es fragte die Frau Berger ich:
„Sind Sie noch immer ärgerlich?“
Auf diese Frage sagte sie:
„Ich war auf Sie das ernsthaft nie.
Denn Sie sind so ein lieber Mann,
dem gar nicht böse sein man kann.
Wenn man mit andern Sie vergleicht,
dann niemand Ihren Charme erreicht.“

# 7. Christ und Geschichte

*Manchmal hilft mir für Gedichte*
*auch die menschliche Geschichte,*
*und ich hätte dabei gerne,*
*dass man etwas aus ihr lerne.*

## Gutes und Schlechtes

Wenn immer mehr von Hass erfüllt
man gegen and're Leute brüllt,
dann sage ich, dass ganz bestimmt
das mal ein böses Ende nimmt.

Ich frag' mich: Ist in unser'm Land
den Menschen gar nicht mehr bekannt,
was mal in unser'm Land fand statt
und wie das dann geendet hat?

## Königgrätz 1866 und Ehe

So wie sich preußische Armeen
in Königgrätz erst trafen,
kann man's bei manchen Paaren seh'n,
die nur gemeinsam schlafen.

Es konnten einst die Preußen zwar
die Feinde einst bezwingen,
doch macht es so ein Ehepaar,
kann Ehe nicht gelingen.

Ein Ehepaar muss allezeit
den Weg gemeinsam wagen,
gemeinsam freu'n und alles Leid
stets auch gemeinsam tragen.

Tritt jeder für den ander'n ein
in Worten und in Taten,
wird eine Ehe glücklich sein,
zum Segen dann geraten.

## Die USA und das Asylantenproblem

Wenn einem in der Heimat droht
Gefahr für Leib und Leben,
dann retten gern wir aus der Not,
dann gern wir Hilfe geben.

Doch sehen wir auch die Gefahr
bei jetzigem Geschehen;
wie in den USA es war,
darf nie es hier geschehen.

Es lebten in Amerika
einstmals nur solche Leute,
bei denen jedermann es sah:
Sie haben rote Häute.

Dann kamen aus Europa an
der Menschen große Scharen,
die bald in dieser Gegend dann
die wahren Herren waren.

Sie haben dieses Land besetzt,
wobei sie Unrecht taten.
Die Indianer leben jetzt
nur noch in Reservaten.

Nun strömt in unser Land hinein
die Schar der Asylanten.
Man fragt sich da: Wie wird es sein
einmal in deutschen Landen?

Ob uns das Schicksal auch ereilt,
dass wir dann nur noch wohnen
in dem, was man uns zugeteilt,
in ganz bestimmten Zonen?

Ich male nicht ein Schreckensbild,
dass wir ins Unheil segeln.
Ich will nur, dass in Deutschland gilt:
Wir setzen hier die Regeln.

## Wunderbares Walten Gottes in Vergangenheit und Gegenwart

Man muss jene nicht beneiden,
die in längst vergang'nen Zeiten
selber mit die Wunder sahen,
die durch Jesus einst geschahen
in dem weit entfernten Lande,
das man Palästina nannte,
wie die biblischen Geschichten
es und Heutigen berichten.

Hast du rechtes Gottvertrauen,
kannst auch jetzt du darauf bauen:
Gott kann wunderbare Sachen
so wie einst auch heute machen.
Sicher wird es nie gelingen,
Gott zu solchem Tun zu zwingen;
man muss Ihm es überlassen
und oft in Geduld sich fassen,
doch dann kann man es erleben,
dass es sich so wird begeben,
dass Gott alle Nöte wendet
und es doch im Guten endet.
Ich in meinen Lebensjahren
habe manches schon erfahren,
wo ich letztlich doch es spüre,
wie Gott wunderbar mich führte.
So geht es auf seinen Wegen
einem großen Ziel entgegen,
das in wunderbaren Bildern
viele Bibelteile schildern.
Wer einmal im Himmel droben
dann für ewig Gott wird loben,
der wird staunend auch erkennen:
Es ist wunderbar zu nennen,
wie doch Gott es mit mir machte,
der stets an mein Bestes dachte.

## Luther und wir heute

Wir lesen heute mit Bedauern,
was gegen Juden, Papst und Bauern
von den Erlebnissen getrieben
einst Martin Luther hat geschrieben.

Jedoch, wozu wir uns bekennen
und was wir unverzichtbar nennen
als uns're höchsten Glaubenswerte,
ist das, was Martin Luther lehrte
von Christus und von Seinem Werke
und von der rechten Glaubensstärke,
mit der wir Christi Werk erfassen
und uns von Ihm recht retten lassen,
dass wir gut Gottes Wort verstehen,
dort Christus als die Mitte sehen,
der zu uns ist von Gott gekommen
und uns're Schuld auf sich genommen,
der sterbend uns für Gott erkaufte,
zu dem gehört, wen einst man taufte,
und nach dem Tod durch neues Leben
auch uns die Hoffnung hat gegeben,
dass wir nach irdischem Geschehen
in Ewigkeit Ihn wiedersehen.
So ehr'n wir Martin Luther richtig,
wenn Christus so wie ihm uns wichtig.

## Wilhelm II. und Franz Josef

Mit dem Haus Habsburg eng verbündet
hat Kaiser Wilhelm einst verkündet:
Ich sag, Franz Josef, Dir aufs Neue:
Ich halte immer Dir die Treue.
Mag alles Mögliche geschehen,
ich werde treu stets zu Dir stehen.
Da dachten die vom Militäre
dort, dass es doch recht günstig wäre,
wenn bald sie in den nächsten Tagen
den Krieg mal mit den Serben wagen.
Mit Deutschland ganz an uns're Seite

gibt ganz gewiss das keine Pleite,
und diesen Serben wird nichts nützen,
wenn sie sich auf die Russen stützen.
Als nun Franz Ferdinand erschossen,
da war bei ihnen Krieg beschlossen,
wenn auch die Serben alles taten,
um abzuwenden großen Schaden.
Doch alle waren wie von Sinnen
und wollten diesen Krieg beginnen,
der dann als Weltkrieg ist entstanden,
wie ihn die Völker noch nicht kannten,
der mit vieltausendfachen Morden
Europas Unheil ist geworden;
und auch als schließlich er beendet,
hat nichts zum Guten sich gewendet,
weil er Verhältnisse bereitet,
bei denen man nur weiter leidet,
denn wenn statt lieben Menschen hassen,
kann man nichts Gutes werden lassen.
Und die Moral von der Geschichte
sag ich jetzt hier in dem Gedichte:
Ich möchte alle Menschen warnen:
Lasst euch von ander'n nicht umgarnern.
Man soll bei and'rer Leute Treiben
bei aller Liebe kritisch bleiben.
Mit ihnen sich total verbünden,
kann oft in großes Unheil münden.
Ein Mensch soll sich in seinem Leben
nur Gott allein total ergeben;
nur Er führt unter seinem Segen
dem wunderbaren Ziel entgegen,
wo Er uns völlig wird erneuern
und dort in Ewigkeit erfreuen.

## Misstrauen und Vertrauen

Ich rate, dass in dieser Welt
ein kluger Mensch sich so verhält:
Wenn jemand allzu viel verspricht,
dann traue diesem Menschen nicht!
Wenn der auch oft Erfolg erzielt,
der mit den ander'n Menschen spielt,
und jeder doch sehr gern es hört,
wenn tolle Zeiten man beschwört,
wenn einer sagt, dass ihm gelingt,
dass Schönes er nur Menschen bringt,
und jeder Gegner ruhig bleibt,
weil ihn die Angst zum Schweigen treibt,
so fängt dann doch mal irgendwann
das Schicksal sich zu wenden an,
weil Gott im Himmel Grenzen setzt,
die man nicht ungestraft verletzt,
sodass, wer andere verführt,
die Strafe kriegt, die ihm gebührt,
und der, der diesem hat vertraut,
am Ende in die Röhre schaut.
Als bestes Beispiel zeigt doch dies
der Mann, der Adolf Hitler hieß
und bei dem heute jedem klar,
dass er ein Volksverführer war.
Drum schärfe ich dir dieses ein:
Lass fern dir solche Menschen sein!
Es ist ein and'rer für dich da,
der dir als treuer Helfer nah.
Gott, Vater ist es, der dich liebt
und gnädig seine Hilfe gibt,
der dir zwar dieses macht bewusst,
dass du auf Erden leiden musst,
von dem auch Jesus nicht verschont;

doch dass sich christlich leiden lohnt,
denn Gott hat Heil mit dir im Sinn,
führt in die Ewigkeit dich hin,
die Jesus Christus dir erwarb,
der einst am Kreuz auch für dich starb,
damit von Sünden uns befreit
dir möglich wird die Ewigkeit,
dem Heiland Jesus Christus nach,
der auch die Todesgrenze brach,
um dort in Seinem Himmelreich
zu herrschen Gott dem Vater gleich.

# 8. Christ und Alltag

*Gott ist ins Leben mir gekommen*
*und hat mich in Beschlag genommen,*
*und so gehört zu meinen Pflichten,*
*von Gott und Christus zu berichten.*

## Im Spannungsfeld von Gott und Welt

In's Spannungsfeld
von Gott und Welt,
da wurde ich hineingestellt;

war oft verzagt,
hab' oft versagt,
doch stets den Glauben neu gewagt,

dass allezeit
auch in dem Leid
mir Gott als Helfer steht bereit,

der unentwegt
den Menschen trägt,
solange noch das Herz ihm schlägt,

und nach dem Tod,
der jedem droht,
ihm schenkt das große Angebot,
dass er dann sei
von Sünde frei
in seiner Ewigkeit dabei.

## Im Spannungsfeld von Gott und Welt II

Die Welt ist Gottes Kreatur.
Er hat sie gut gemacht.
Man sieht hier seiner Weisheit Spur
und wunderbare Pracht.

Doch das, wozu ihn Gott gesetzt –
Bewahrer dieser Welt –,
hat bald der Mensch schon grob verletzt,
sich über Gott gestellt.

Und das hat dann dazu geführt,
dass nicht mehr alles gut,
dass man die Kraft des Teufels spürt,
der stets das Böse tut.

Und darum ist die Frage nun,
wie man sich recht verhält;
was muss ich denken, sagen, tun
als Mensch in dieser Welt?

Das Rechte tun ist oft nicht leicht;
man soll da kritisch sein.
Dass Bosheit auch ihr Ziel erreicht,
liebt sie den guten Schein.

Gott gibt uns Christen seinen Geist.
Er wirkt in uns als Kraft,
die uns zum Tun des Guten weist
und hilft, dass man es schafft.

Und wenn man da oft schuldig bleibt,
weil man sich zu sehr liebt,
es uns zu Jesus Christus treibt,
der uns die Schuld vergibt.

Er hat auf Erden das vollbracht,
worin das Heil besteht,
dass Gott für immer seligmacht,
wenn die Welt untergeht.

## Wahres Vertrauen

Wir können zueinander wagen,
nach allem, was mal war, zu fragen,
denn uns're Liebe ist getragen
von dem, zu dem wir Vater sagen.

## Bitte eines alten Pfarrers

Als einer, der schon fast durchschritten
die Lebenszeit, die mir geschenkt,
möcht' ich die ander'n dringend bitten,
dass Folgendes man recht bedenkt:

Es wird der Tod dich mal erreichen,
egal wie mächtig du jetzt bist,
und dann kannst du ihm nicht entweichen,
weil er am Ende stärker ist.

Und dann wirst du vor Christus stehen,
der von den Toten auferstand;
und was mit dir dann wird geschehen,
das liegt allein in dessen Hand.

Wenn er zu dir dann dies wird sagen:
„Komm in das Himmelreich hinein!",
dann wirst an allen künft'gen Tagen
du glücklich dann bei Christus sein.

Doch wer dann wird die Worte hören:
„Die Hölle ist für dich bestimmt.“
Dem hilft dagegen kein Empören,
dass dort sein Weg sein Ende nimmt.

Darum bedenke man beizeiten,
wem man als Mensch sich unterstellt.
Nur Christus kann es uns bereiten,
dass man von Ihm das Heil erhält.

## Christliche Altersgedanken

Musst langsam du zur Kenntnis nehmen,
dass starke Alterung beginnt,
beschwere dich nicht mit Problemen,
die letztlich sinn- und wertlos sind.

Wenn sich die Menschen dabei streiten
in Wissenschaft, Sport, Politik,
dann lass dich nicht dazu verleiten,
dass du da hättest mehr Geschick.

Und was die Menschen so begehren:
Geld, Ehre, Macht und Lustgewinn,
das alles wird nicht ewig währen,
ist mit dem Tode alles hin.

Wenn wir an Lebenskraft verlieren,
weil uns das Alter Fakten schreibt,
dann sollten wir uns konzentrieren
auf Wichtiges, auf das, was bleibt.

Zwar wird einmal der Leib vergehen
nach unser'm ird'schen Aufenthalt,
doch werden wir dann neu erstehen
in ewig bleibender Gestalt.

Und dann kommt es in allen Fällen
für den, der lebte, zum Gericht.
Gott wird uns dann vor Christus stellen,
der jedem letztes Urteil spricht.

Wenn du als Mensch es willst erleben,
dass du dann in sein Reich kehrst ein,
so musst du jetzt dich Ihm ergeben,
um treu für Ihn im Dienst zu sein.

## Von Ihm überwunden

Du kannst Gott nie so recht erfassen
mit deinen Sinnen und Verstand,
doch dich von Ihm besiegen lassen,
dass du dann bist in Seiner Hand.

Gott will dich dann nicht unterdrücken,
weil Er dich wie ein Vater liebt,
dich vielmehr wunderbar beglücken
mit Frieden, den nur Er uns gibt.

Willst du mit Ihm verbunden leben,
weil du ja nun sein Eigen bist,
dann kannst stets Hilfe du erleben
von Ihm dann, wenn sie nötig ist.

Doch sollst du dich als Held nicht wähnen,
der stets die Oberhand gewinnt.
Das Leben läuft nach Gottes Plänen,
die schwerer, aber besser sind.
So wie mit Jesus es geschehen,
daran hat auch ein Christ jetzt teil.
Erst Kreuzigung, dann Auferstehen.
So kommt das Leiden vor dem Heil.

## Das Schönste

Es ist das Schönste auf der Welt:
aus Gottes Gnade leben
und das, was man von Ihm erhält,
an and're weitergeben.

## Der 19. April 2016

Ich bin nun 76 Jahre
und längst nicht mehr die beste Ware.
So manches ist jetzt schlechter – leider;
doch geht auch so das Leben weiter.

Auf schwerer nun geword'nen Wegen
geht langsam es dem Tod entgegen.
Jedoch ist dieser nicht das Letzte,
weil Jesus neue Ziele setzte.

Weil Ostern Er den Tod besiegte
und geistlich neues Leben kriegte,
kann auch ein Christ Ihm darin gleichen
und Seine Herrlichkeit erreichen.

Und weil ich Christus fest verbunden,
ist Angst vor Leid und Tod verschwunden.
Ich lass mir meine Altersqualen
von Christenhoffnung überstrahlen.

## Lob des dreieinigen Gottes

1. Du bist ein Gott, der Wunder tut
an dem, auf dem Dein Segen ruht,
der väterlich mit uns verfährt,
uns liebt und hilft und stärkt und nährt.

2. Du bist ein Gott, der das vollbracht,
was uns durch Jesus seligmacht,
der uns befreit von Sünden spricht
und uns des Todes Grenze bricht.

3. Du Gott uns als der Heil'ge Geist
auf das, was göttlich ist, hin weist
und wirkst, dass man von Ihm nicht weicht
und Ewigkeit als Ziel erreicht.

## Mein christlicher Alterstrost

Wenn langsam auch die Kräfte schwinden,
so findet kein Verzweifeln statt.
Ich muss kein Gegenmittel finden,
weil Christus mich gefunden hat.

Ich gehe nun auf seinen Wegen
zum Ziel, das sich zu gehen lohnt.
Es geht der Ewigkeit entgegen,
wo jetzt der Auferstand'ne wohnt.

Des Körpers und der Seele Leiden
trägt man in diesem Leben leicht,
wenn man's mit künft'gen Herrlichkeiten
bei Gott in Ewigkeit vergleicht.

## Wer zuletzt lacht …

Der Mensch ist heute auf Gewinn
von Geld und Ruhm bedacht,
doch richte ich als Christ den Sinn
auf Gott und seine Macht.

Da kommt so mancher klug sich vor
nach Maßstab dieser Welt,
und der erscheint ihm als ein Tor,
der sich an Christus hält.

Doch alles in der Welt vergeht
oft schon nach kurzer Zeit.
Nur wer auf Gott vertraut, besteht
in Seiner Ewigkeit.

Drum kehre jetzt zu Gott hin um,
solange Zeit du hast;
denn der blickt dann am Ende dumm,
der Gottes Reich verpasst.

## Ratschlag an junge Pfarrer

Ihr Pfarrer, macht es Jesus nach
und redet so, wie er einst sprach,
der immer eindeutig und klar
und doch voll tiefer Weisheit war!

Macht von der Kanzel nicht bekannt,
was gestern in der Zeitung stand
und wovon in der letzten Nacht
das Fernseh'n Bilder hat gebracht!

Und richtet auch nicht euren Blick
vor allem auf die Politik,
auch nicht auf solche Theorien,
die sich auf dies und das bezieh'n!

Zeigt auch nicht, was ihr alles wisst,
und was zu wissen nützlich ist
und wie ihr seit der Studienzeit
doch wirklich sehr gebildet seid!

Tut lieber auf der Kanzel kund,
was uns're Christenglaubens Grund
und richtet euer Augenmerk
auf Jesus Christus und sein Werk.

Und was das zu bedeuten hat,
was einst durch Ihn für uns fand statt,
und das, was da die Bibel schreibt,
auch jetzt für uns noch wichtig bleibt!

Vergesst dabei die Liebe nicht,
dass sie aus euren Worten spricht,
die durch des Heil'gen Geistes Kraft
echt christliche Gemeinschaft schafft.

Die Bibel sagt, dass liebevoll
die Menschen man behandeln soll
und dabei nicht sich so beschränkt,
dass man nur an Bestimmte denkt.

Doch manches, das zwar gut erscheint,
erweist sich anders als gemeint.
Was scheinbar gut ist, nützt nicht viel,
führt es zu keinem guten Ziel.

Der Mensch in seinem Übermut
oft Gutes sagt und Schlechtes tut.
Drum bittet Gott erst im Gebet,
dass ihr, was wirklich gut tut, seht.

Und dann, beschenkt mit Gottes Kraft,
auch wirklich das, was gut ist, schafft,
weil unter Seinem Segen dann
das Gute recht gelingen kann.

## Echte Liebessehnsucht

Siehst du mich so nicht, wie ich bin,
dann hat die Liebe keinen Sinn,
denn wenn im Grunde sie dem Bild,
das du dir von mir machst, nur gilt,
wenn du das Gute nur genießt
und nicht auch meine Fehler siehst,
dann hält auf Dauer Liebe nicht,
weil an der Wahrheit sie zerbricht.
Wie gut, dass es die Liebe gibt,
mit der uns Gott, der Vater, liebt,
der alle uns're Schwächen kennt
und doch vor Liebe zu uns brennt,
und dem es deshalb stets gefällt,
wenn man vor Ihm sich nicht verstellt;
sich vielmehr, wie man ist, so zeigt
und seine Schuld auch nicht verschweigt,
der gnadenvoll dann zu dir spricht:

„Ich helfe dir und strafe nicht“,
weil Er bei uns es nie vergisst,
dass man ein schwacher Mensch nur ist,
der sich nach dem Erbarmer sehnt,
wenn er sich unterlegen wähnt.
So wie ich sie gezeigt jetzt hier,
wünsch’ ich die Liebe nur von dir.
Jedoch von dem, der sie begehrt,
wünsch’ auch ich, dass er sie gewährt.
Und wenn ein jeder Mensch das tut,
wird vieles auf der Erde gut.

## Der Grund sicherer Hoffnung

Ich möchte and’re gern verschonen
zu trauen auf Illusionen,
die leider in so vielen Sachen
wir Menschen uns so gerne machen
und die am Ende dann zerstieben,
weil wir oft uns’re Wünsche lieben,
die leider in so manchen Fällen
dann an der Wirklichkeit zerschellen;
denn es kann immer anders kommen,
als wir uns haben vorgenommen.
Um wahrer Hoffnung Grund zu finden,
muss man sich an die Bibel binden
und sich dabei auch helfen lassen,
der Botschaft Mitte zu erfassen.
Man muss sich dabei denen beugen,
die da von dem Geschehen zeugen,
von dem wir in der Bibel lesen,
dass Jesus Christus es gewesen,
der durch das Werk, das Er vollbrachte,
es für uns Menschen möglich machte,

dass nun der Sünde Macht beendet,
sodass sich Gott nun zu uns wendet,
dass Er in väterlichem Denken
in Christus uns will Gnade schenken,
womit Er unser'm Menschenleben
den allerhöchsten Wert gegeben.
Wenn wir uns jetzt zu Lebenszeiten
von Jesus Christus lassen leiten,
stets dann den rechten Weg wir gehen,
sodass das, was durch Ihn geschehen,
nun auch für uns zum Segen werde,
die jetzt noch leben auf der Erde.
Wir haben Herrliches zu hoffen:
Die Tür zur Ewigkeit steht offen.
Wir werden, wenn wir Ihm vertrauen,
in Gottes Ewigkeit Ihn schauen.

## Des Christen Glaube (die 3 Glaubensartikel)

1. Es glaubt bekennend jeder Christ
an Gott, der unser Vater ist,
der alles weiß und alles sieht,
was hier auf dieser Welt geschieht,
in Seiner Allmacht alles kann,
nie etwas falsch macht irgendwann;
der einst durch den „Es werde"-Ruf
die Welt und auch uns Menschen schuf
und dessen Wirkens weise Spur
man jetzt erkennt in der Natur;
der zwar uns Menschen Freiheit lässt
und dennoch alles felsenfest,
was hier geschieht auf dieser Welt,
als Herr in Seiner Hand behält.

2. Wir glauben auch an Gottes Sohn,
an Jesus Christus als Person,
der einst als Gott und Mensch zugleich
zur Erde kam zum Himmelreich,
weil Ihn durch Gottes Kraft gebar
Maria, die noch Jungfrau war;
der einst in Vollmacht das gelehrt,
was uns von Gott beachtenswert
und vielen Menschen Gutes tat,
wenn glaubend man um Hilfe bat,
was man mit Undank Ihm gelohnt.
Er blieb vom Leiden nicht verschont.
Zu Pontius Pilatus kam
Er, als man Ihn gefangen nahm,
als der Ihn dort verurteilt hat,
fand Seine Kreuzigung dann statt.
Auf Golgatha sah'n viele mit,
wie Er am Kreuz den Tod erlitt.
Man nahm Ihn tot vom Kreuz dort ab
und legte Ihn hinein ins Grab.
Am dritten Tag man Ihn nicht fand,
weil von dem Tod er auferstand.
Von manchen Er gesehen ward
von Ostern bis zu Himmelfahrt,
wo nach vollbrachtem Lebenslauf
Ihn Gott in Seinem Reich nahm auf.
Jedoch nach ganz bestimmter Zeit
kommt wieder Er in Herrlichkeit.
Dann findet der Gerichtstag statt
für jeden, der gelebt mal hat.
Ein jeder wird dann vor Ihm stehen,
und es wird immer darum gehen,
ob man nach diesem Weltgericht
bei Gott dann sein wird oder nicht.

3. Wir glauben an den Heil'gen Geist,
der über Gott uns unterweist,
durch den von uns das wird erkannt,
was uns geht über den Verstand.
Er lässt uns in der Kirche sehen
das nicht nur irdische Geschehen.
An eine Kirche nur man glaubt,
weil Christus aller Christen Haupt.
Und Er in seiner Heiligkeit
auch uns das Heilig-Sein verleiht,
vor allem wo in aller Welt
man rechte Gottesdienste hält.
So sind als Christen wir vereint,
wo man es ernst mit Christus meint;
Und weil durch Ihn uns Gott so liebt,
Er gnädig uns die Schuld vergibt.
Und weil des Heil'gen Geistes Kraft
mit Christus die Verbindung schafft,
so folgt ein Christ, wie Er versprach,
Ihm in der Auferstehung nach
und lebt bei Ihm dann allezeit
in Seiner großen Herrlichkeit.

## Gott und wir

Es fehlt uns Menschen die Geduld,
auf Gott ganz zu vertrauen,
und darum ist es uns're Schuld,
dass wir so viel versauen.

Es hat Gott seinen guten Plan
für alle uns're Sachen,
doch denken wir in unser'm Wahn,
dass wir es besser machen.

Es tut uns Menschen allen gut,
sich ganz Gott zu ergeben.
Dass Gott auch heute Wunder tut,
das kann man dann erleben.

## Zielgerichtetes Leben

Des Menschen Leben läuft verkehrt,
wenn er nicht Gott, den Schöpfer, ehrt.
Denn es ist uns're Lebens Sinn:
wie von Gott her so zu Ihm hin.
Der Mensch, der gottvergessen lebt
und nur nach Geld und Ehre strebt,
erreicht vielleicht im Leben viel,
doch er verfehlt das große Ziel,
das Gott uns Menschen hält bereit,
bei Ihm zu sein in Ewigkeit.

## Theologenklugheit und -scheitern

Wenn Pfarrer heutzutage meinen,
sie müssten als sehr klug erscheinen,
und deshalb allem Volk erklären,
dass alles nur Legenden wären,
was diese biblischen Geschichten
von Gottes Herrlichkeit berichten,
und sich auf's Menschliche beschränken,
weil sie von Gott zu niedrig denken,
dann will geschilderten Gestalten
ich Folgendes entgegenhalten,
dass solche Leute sehr stark irren
und die Gemeinden nur verwirren.
Wir können göttliches Geschehen

doch nie mit unser'm Geist verstehen,
denn Gott in allen seinen Wegen
ist uns doch haushoch überlegen.
Er kann auch Herrliches vollbringen,
das Menschen niemals kann gelingen.
Er kann auch Seine Vollmacht zeigen,
die Ihm als Gott, dem Herren, eigen.
Statt uns're Klugheit zu beweisen
ist besser, Gott dafür zu preisen,
dass Er durch Christus das vollbrachte,
was uns zu Seinen Kindern machte,
die, wenn sie fest auf Ihn vertrauen,
in Herrlichkeit Ihn werden schauen.

## Christliche Existenz

Wir Menschen alle sind nicht wert,
die Gnade Gottes zu erhalten.
Wem sie durch Christus widerfährt,
der sollte sich dann so verhalten,

dass jeder Mensch, den Gott sehr liebt,
mit aller Kraft soll danach streben,
dass er sich große Mühe gibt,
nach Seinem Willen dann zu leben.

Doch dass er ganz allein das schafft,
das sollte nie ein Mensch dann denken.
Er braucht da immer Gottes Kraft,
die Er im Heil'gen Geist will schenken.

## Ratschlag an einen Ehemann

(nach der Melodie „Fuchs, du hast die Gans gestohlen“)

Als wir neulich Hans anschauten,
war es gleich uns klar, war es gleich uns klar,
||: dass mit seiner Angetrauten
er nicht glücklich war. :||
Vieles hatte er zu schlucken,
das war gar nicht gut, das war gar nicht gut;
||: doch dagegen aufzumucken,
fehlte ihm der Mut. :||

Ich riet da ihm, dass bei Frauen
dies man nicht vergisst, dies man nicht vergisst,
||: so mal auf den Tisch zu hauen,
dass dann Ruhe ist. :||

Dann muss man sie sanft behandeln
wie ein rohes Ei, wie ein rohes Ei,
||: und dann werden glücklich wandeln
immer alle zwei. :||

Und so hat nach meinen Worten
er es auch getan, er es auch getan,
||: sodass wir dann allerorten
glücklich sie dann sah'n. :||

## Medicus curat – Deus sanat

Es sei den Ärzten Dank gesagt,
dass sie von gar nicht wenig Leiden,
die einst die Menschen sehr geplagt,
sie durch Entdeckung ganz befreiten.

Doch findet es nur deshalb statt,
dass Menschen zu den Ärzten eilen,
weil Gott es so geordnet hat,
dass Wunden ganz von selber heilen.

## Die gute Perspektive

1. Es kommt das Ende dieser Erde
   und dann das göttliche Gericht,
   und dabei sind, wie Jesus lehrte,
   dann deine Taten von Gewicht.

2. Wer and're Leute Leid vermehrte,
   der kehrt dann in die Hölle ein,
   doch wer Barmherzigkeit gewährte,
   der wird dann im Reich Gottes sein.

3. Um Letzteres nicht zu verpassen,
   geb' ich dir jetzt den guten Rat,
   dich glaubend auf das einzulassen,
   was Jesus Christus für uns tat.

4. Darum lass dich von Ihm führen.
   Er ist ja unser guter Hirt'.
   Dann wirst du es bei dir verspüren,
   dass alles dir zum Segen wird.

5. Und musst du aus der Welt verschwinden,
   dann tut dir das nicht wirklich leid,
   denn du wirst sehr viel Bess'res finden
   bei Gott in seiner Ewigkeit.

## Unberechtigter Menschenstolz

Es saß mal neben mir ein Mann,
der fing schon bald zu reden an:
„Wie stolz“, so sprach er auf mich ein,
„bin ich darauf, ein Mensch zu sein.
Es hat der Mensch doch hingekriegt,
dass er sogar ins Weltall fliegt
und dass im Fernsehen er sieht,
was in Amerika geschieht,
dass er des fernen Freundes Ton
kann hören durch das Telefon.
Und was nicht schon durch Menschenhand
an wunderbarer Kunst entstand!“
Noch mehr hat er hervorgebracht,
was alles schon der Mensch gemacht.
Nachdem ich zugehört im hab’,
ich dieses ihm zur Antwort gab:
„Sie loben jetzt den Menschen sehr.
Doch wo kommt alles bei ihm her?
Wann Leben seinen Anfang nimmt,
hat jeder Mensch das selbst bestimmt?
Was hat er für Verdienst daran,
wann, wie und wo es einst begann?
Und wem verdankt er seine Kraft,
mit der er alles hat geschafft?
Woher hat er denn den Verstand,
mit dem so viel er hat erkannt?
Und dass mit seinem Geist er denkt,
bekam er das nicht auch geschenkt?
Und dass er mit den Augen sieht,
was da um ihn herum geschieht?
Dass er, was jemand sagt, versteht,
dass er mit seinen Beinen geht
und in der Kunst und im Beruf

so viel mit seinen Händen schuf?
Auch dies man oft nicht recht ermisst,
wie abhängig der Mensch doch ist.
Denn nimmt er keine Nahrung ein,
wird bald er nicht mehr lebend sein.
Auch braucht zu trinken jedermann
und Luft, damit er atmen kann.
Das alles findet deshalb statt,
weil Gott es so geschaffen hat,
dass es das gibt auf dieser Welt,
was uns am Leben hier erhält.

Auch sei es jedem Menschen klar:
Stets ist sein Leben in Gefahr,
und dann am Ende steht der Tod,
der jedem Menschen einmal droht.
Auch ist es schlecht um ihn bestellt,
wenn eine Krankheit ihn befällt,
wo er vielleicht im Bett nur liegt
und nichts mehr recht zustande kriegt.
Es ist beim Menschen doch der Fall:
Gefahren lauern überall.
In Flugzeug, Auto, Schiff und Bus
man überall befürchten muss,
dass mal ein Unfall findet statt,
egal wer daran Schuld nun hat.
Von Flüssen droht die Wasserflut,
den Häusern droht des Feuers Glut;
und überall auch jedermann
mal stürzen, sich verletzen kann.

Es hat auch mancher Mensch vergnügt
den ander'n Schaden zugefügt,
auf eig'ne Ehre nur bedacht
die anderen dann schlechtgemacht,

wobei ein schlechter Mensch genießt,
dass keiner die Gedanken liest.
So soll der Mensch bescheiden sein.
Allmächtig ist doch Gott allein."

## Meine Lebensregel

Längst schon habe für mein Leben
diese Regel ich gegeben:
Ich will es nicht so gestalten,
wie sich andere verhalten,
nicht auf Prominente sehen
und die Wege, die sie gehen –
manchmal müsste ich mich schämen,
würd' ich sie zum Vorbild nehmen.

Für mich gilt auf alle Fälle:
Gott steht an der ersten Stelle.
Ich will Ihn vor allem achten
und nach seinem Reiche trachten (Mt. 6, 33),
will mich mühen, Seinen Willen
stets im Leben zu erfüllen,
will an Jesus Christus denken
und an das, was Er will schenken,
will mich Ihm ganz anvertrauen,
der aus Schuld und Todesgrauen,
die wir hier im Leben spüren,
uns in Gottes Reich will führen.
Ihm allein kann es gelingen,
mich einmal dorthin zu bringen;
und so leb' im Glauben heute
ich in vorgezog'ner Freude,
die durch Gottes Geist als Gabe
ich in meinem Herzen habe.

## Naturwissenschaftliche und geistliche Erkenntnis oder irdisches Gerät und göttliche Trinität

Als Tante Emma letztes Jahr
bei mir mal zu Besuch da war,
da sagte sie mir voller Stolz:
„Ich weiß, warum ein Ding aus Holz,
wenn man es mit ins Wasser nimmt,
ein jedes Mal ganz oben schwimmt;
doch wenn ein Ding aus Stahl besteht,
es in dem Wasser untergeht.
Denn wer gebildet ist, der spricht
da von spezifischem Gewicht;
wenn dieses unter 1 stets bleibt,
es dann im Wasser oben treibt,
doch wenn's das überschritten hat,
dann findet Untergehen statt,
wenn es von unten nicht verhüllt
und mit sehr leichter Luft gefüllt.
Das alles leuchtet sehr mir ein.
So kann es auch bei ander'n sein.

Doch weil Du Theologe bist,
sag bitte mir, wie das nun ist
mit Gott und der Dreieinigkeit!
Da weiß ich schon seit langer Zeit,
dass dann, wenn einer davon spricht,
ein and'rer sagt: ‚So ist das nicht!'"

Da sprach ich zu der Emma: „Hier
sind wohl in dem Dilemma wir,
dass auch ein noch so kluger Mann
das nicht so recht erklären kann.
Ein totes Ding hat nicht Verstand
und wird vom Menschen leicht erkannt.

Ein Mensch, mit dem Du Dich befasst,
hat Geist, wie Du ihn selber hast,
weshalb, wenn da geurteilt wird,
so mancher Mensch sich manchmal irrt.
Doch Gott, wenn es um Ihn uns geht,
in allem über uns hoch steht,
sodass ein Mensch da mit Verdruss
bei seinem Denken scheitern muss.
Er macht sich wohl von Gott ein Bild,
das ihm vielleicht als wichtig gilt,
doch scheitert stets das mit der Zeit
an Gottes Überlegenheit.
Im Blick auf Gott ein jeder Christ
an Gottes Wort gebunden ist,
an das, was uns die Bibel lehrt
und was für uns von großem Wert,
die uns an Vater, Sohn und Geist
und was sie an uns wirken, weist.
Wer so an Gott glaubt felsenfest
und sich von Ihm beschenken lässt,
der nimmt das alles dankbar an,
auch wenn er's nicht verstehen kann.

## Christliche Gedanken vor dem Tod

Ich will auf Erden nichts mehr tun;
was so die Leute treiben,
will nur in Gottes Liebe ruh'n
und ewig darin bleiben.

Ich traue nur auf Gottes Kraft,
die ganz mich wird erneuern,
zur Ewigkeit mir Zugang schafft,
um dort mich zu erfreuen.

Ich folge Jesus Christus nach,
der auch für mich gestorben,
für mich die Macht des Todes brach
und mir das Heil erworben.

Was mir in meines Lebens Lauf
oft schwere Fragen brachte,
löst sich dann alles herrlich auf:
Wie gut es Gott doch machte!

## Christliche Ehe

Es findet manchmal Hochzeit statt,
weil Gott es so geordnet hat,
dass wenn als Mensch man kommt zur Welt,
es sich dann immer so verhält:
Es gibt da einen Unterschied,
den man schon beim Baby sieht,
aus dem ein jeder dann ermisst,
ob's Junge oder Mädchen ist.
Und jeder Mensch entwickelt dann
zur Frau sich oder auch zum Mann.
Und irgendwann mal sagt man sich:
Es wäre doch recht gut für mich,
mit einem Partner bald zu sein.
So tritt man in die Ehe ein
und tritt als frisch vermähltes Paar
zur Trauung dann vor den Altar,
weil eine Ehe besser geht,
die unter Gottes Segen steht.
Es gilt für beiderlei Geschlecht
von da an dieses Eherecht:
Es seien beide jederzeit
zum Dienst am anderen bereit.

Wenn einer von den beiden glaubt,
es sei ihm alles jetzt erlaubt,
weil er doch der ist, der bestimmt,
wie alles seinen Fortgang nimmt,
dann ist ihm das von Gott verwehrt,
denn er versteht es ganz verkehrt,
was Paulus uns als Regel setzt.
Er hat mit Christus es vernetzt,
der seine Macht nur setzte ein,
um als ein Helfer da zu sein.
Sieht jeder seinen Partner an
als den, für den ich da sein kann,
und dabei voller Freude denkt:
wie schön, dass Gott mir den geschenkt,
und christlich sich zu ihm verhält,
ist's um die Ehe gut bestellt,
weil jeder dankbar selbst es spürt:
wie gut, wenn man sie christlich führt!

## Weltlichkeit und Ewigkeit

In diese Zeit und diese Welt
bin ich als Mensch hineingestellt.
Man hat mich vorher nicht gefragt,
ob mir das Leben hier behagt.
Ich wusste nicht, wie mir geschah,
dann war als Mensch ich plötzlich da.
So langsam habe ich erkannt
die Welt, in der ich mich befand.
Ich habe mehr und mehr entdeckt,
was ich so kann, was in mir steckt,
wozu ich in der Lage bin
mit Körper, Geist und meinem Sinn;
wie auch die ander'n Menschen sind,

die ich auf dieser Erde find'.
Es wurde manches mich gelehrt
von großem und geringem Wert,
woraus die Erde so besteht
und wie es kommt, dass das so geht,
auch von so manchem schlimmen Streit
zum Teil aus längst vergang'ner Zeit,
von Leistungen der Menschenkraft
aus Kunst, Kultur und Wissenschaft,
von dem, was schadet und was nützt,
und wie man vor Gefahr sich schützt
und überhaupt was jedermann
im Leben tun und lassen kann.
Doch bin ich auch getauft als Christ,
der nun mit Gott im Bunde ist,
und trat so in ein neues Sein
mit Gott und seiner Allmacht ein.
Ich weiß, dass es kein Zufall war,
dass eine Mutter mich gebar,
dass Gott als Schöpfer es gewollt,
dass ich als Mensch hier leben sollt',
dass Er es so geordnet hat,
dass das, was nötig, findet statt,
die Sonne wärmt und auch erhellt
und hin und wieder Regen fällt
und so dem Erdreich es gelingt,
dass es für alle Nahrung bringt,
dass Gott in väterlicher Art
nicht an den Liebeszeichen spart.
Doch größte Liebe er erwies
mit dem, der Jesus Christus hieß,
der als der Sohn dem Vater gleich
auf Erden kam vom Himmelreich
und hier für uns das Werk vollbracht,
das uns aus Sünd' und Todesmacht

nach Sein in dieser Welt und Zeit
errettet für die Ewigkeit;
weil auf dem Hügel Golgatha
für uns Sein Tod am Kreuz geschah,
wo Er für uns're Sünden starb
und so Vergebung uns erwarb
und als vom Tod Er auferstand,
Er auch für uns ihn überwand,
sodass, wie Er gen Himmel fuhr,
wir folgen können Seiner Spur
in geistlich neuer Leiblichkeit
zu Gott in seine Ewigkeit.
Und weil mir das so wichtig ist,
bin ich als Mensch zugleich ein Christ.

## Reden und Beten

Jedem Mann gefällt es nicht,
wenn die Frau nicht mit ihm spricht.
Meinst du, dass der Gott gefällt,
der sich stumm zu Ihm verhält?

Dabei bietet Gott doch an,
dass man mit Ihm reden kann,
dass man's – dazu macht Er Mut –
wie mit seinem Vater tut.

Ganz gewiss es nicht gelingt,
dass man Gott zu etwas zwingt;
bittend doch vertraue fest,
dass Gott mit Sich reden lässt.

Und wenn Er es nicht so macht,
wie du selbst es dir gedacht,
dann trau' Ihm im Glauben zu:
Er weiß immer mehr als du.

## Der Ausweg

Wer heutzutage Frauen sieht
und hört, was so durch sie geschieht,
geht hart mit ihnen ins Gericht:
Ihr Frauen, nein, so geht das nicht.
Doch wer zu reden so beginnt,
bedenke auch, wie Männer sind;
denn auch das männliche Geschlecht
benimmt sich heute oft sehr schlecht.
Wie wird das alles besser nun?
Wir müssen alle Buße tun.
Wenn Gott wird neu sich zugewandt,
wird besser es in unser'm Land,
weil Gott die Gnade dem gewährt,
der als ein Sünder sie begehrt:
Und wer von seiner Schuld befreit,
will Gutes tun aus Dankbarkeit.
Und wenn das möglichst jeder tut,
wird es in unser'm Lande gut.

## Das rechte Angebot

Es strömt jetzt vieles auf uns ein,
das uns für unser Leben
soll nützlich und sehr wertvoll sein
und Lust und Spaß uns geben.

Man teilt uns da wohl manches mit,
das man da kann erhaschen.
Doch letztlich will man nur Profit
in seine eignen Taschen.

Nur Jesus ist auf dieser Welt
für uns als Mensch erschienen,
dass man von Ihm geschenkt erhält,
was uns zum Heil will dienen.

Nur Er uns Menschen nahe kam,
dass wir gerettet seien,
der uns're Sünde auf sich nahm,
von ihr uns zu befreien.

Nur Jesus ging den Weg voran
durch Tod und Auferstehung,
damit wer an Ihn glaubt auch kann
in Ewigkeit Gott sehen.

D'rum trauen wir Reklame nicht
beim Hören und beim Schauen.
Jedoch was Jesus uns verspricht,
dem wollen wir vertrauen.

## Menschsein und Christsein

Die Krone meines Menschseins ist:
Ich bin nicht Mensch nur, ich bin Christ.
Mir ist das Menschsein nicht genug,
fehlt ihm der göttliche Bezug.
Er gibt dem Leben rechten Sinn,
dass mehr ich als ein Tier nur bin.
Was man als Christ von Gott erhält,

ist mehr als Reichtum dieser Welt.
Man wird oft wunderbar geführt,
bekommt die Hilfe, die man spürt.
Man kriegt recht Trost, bekommt die Kraft,
die tief im Herzen Frieden schafft,
dass, wenn es einen trifft, auch man
so manches Leid ertragen kann,
das in der Welt man ist gewohnt
und das dem Christen wird gelohnt,
wenn er im Glauben ohne Streit
im Blick auf Christus trägt sein Leid
und auch nach göttlichem Gebot
dem, der ihm Unrecht tut, nicht droht.
Was jeder Christ durch Christus weiß
ist, dass durch Ihn der Siegespreis,
das durch Sein Werk vollbrachte Heil
in Ewigkeit ihm wird zuteil.
Doch ist nicht Menschlichkeit dabei,
wird Christentum zur Heuchelei.
Es wird dabei dann irgendwie
zu einer Ideologie,
die vorgibt, dass sie gut erscheint,
und doch nur ist der Menschen Feind.
Die Bibel sagt von Jesus klar,
dass Gottes Sohn voll menschlich war,
den aller Menschen Leid betrübt
und der stets Liebe hat geübt,
der niemandem geschadet hat,
stattdessen dieses oft fand statt,
dass wo Er Menschen leiden sah,
Er ihnen kam als Helfer nah,
der ihnen Heilung hat gebracht
und froh und glücklich sie gemacht.
So soll, wer sich ein Christ nennt, nun
wie Jesus tat auch Gutes tun.
Wer nur auf seinen Vorteil sieht

und dass ihm selbst kein Leid geschieht,
wer nur noch an sich selber denkt
und ander'n kein Erbarmen schenkt,
bei dem nur Geld, Spaß, Ehre zählt
und Nächstenliebe völlig fehlt,
der ist in Wirklichkeit kein Christ,
auch wenn er in der Kirche ist,
mag er nach äußerlichem Schein
vielleicht für viele einer sein.

## Christliche Überlegenheit

Wenn jemand Schlechtes von mir spricht,
so macht mich das nicht leidend;
was Christus sagt beim Endgericht,
das ist für mich entscheidend.

Ich muss nicht jeden Kampf und Streit
auf Erden hier gewinnen.
Ich möchte nur in Ewigkeit
in Gottes Reich sein drinnen.

Mein Schwach- und auch mein Sündersein,
das muss ich nicht bestreiten;
denn Gottes Gnade macht mich rein,
will nur das Heil bereiten.

In Christus habe ich den Grund,
dass ich Gott werde schauen.
Er machte mit mir einen Bund.
Auf Ihn will ich vertrauen.

Dass diesen Glaubensweg man schafft,
von Christus nicht zu weichen,
gibt Gott uns seines Geistes Kraft,
dass wir das Ziel erreichen.

## Mensch und Gott

Wenn Menschen Gott als tot verkünden
und dass der Mensch das Höchste sei,
ist das die größte aller Sünden
und führt in schlimme Sklaverei.

Gewiss ist der Verstand zu schätzen,
durch den man kluge Worte spricht,
doch ihn als Richter einzusetzen
auch über Gott – so geht das nicht.

Auch Gott in ein System zu pressen,
ist etwas, das nie richtig geht,
weil alle, die dies tun, vergessen,
dass Gott hoch über uns doch steht.

Er ist der Herr, wir sind die Knechte.
Wir sollen Ihm gehorsam sein.
Er hat als Schöpfer auch nur Rechte.
Dies sehe jeder Mensch doch ein!

Wir Menschen sollen Gott recht ehren
und dankbar dann es nehmen an,
dass wir wie Seine Kinder wären,
die Er so reich beschenken kann.

## Schuld und Vergebung

1. Legt jemand dir geduldig dar,
   dass er an dir auch schuldig war,
   dann finde ich es grauenhaft,
   wenn das nicht echt Vertrauen schafft.

2. Wie schön, wenn man im Leben dann
   dem ander'n ganz vergeben kann,
   weil unter Gottes Segen steht,
   wer recht auf seinen Wegen geht.

## Glauben im Alter

Ich will in meinen alten Tagen
im Glauben gern die Lasten tragen
und dabei doch mich vorbereiten
auf uns versproch'ne Herrlichkeit.

Geht es auf manchmal schweren Wegen
in dieser Welt dem Tod entgegen,
so will doch Gott, dass man sich freue
auf das von Ihm verheiß'ne Neue.

Wie es mit Christen schon geschehen,
wird auch uns Christen es ergehen,
dass wir vom Tode auferstehen,
um ewig Gottes Pracht zu sehen.

So will in meinem Gottvertrauen
ich auch im Alter vorwärtsschauen,
weil ich nach irdischen Beschwerden
von Gott so reich beschenkt werd' werden.

## Der feste Halt

Wir Menschen lieben Ideales,
weil Schönes träumen uns gefällt.
Doch mancher merkt mit einem Mal es,
dass so ein Trugbild ihm zerfällt.
Und steht er dann vor solchen Scherben,
weil so etwas bei ihm trat ein,
verfällt so mancher dem Verderben.
Doch dieses Unheil muss nicht sein.

Wenn wir Enttäuschungen erleben –
sie gibt's in mancherlei Gestalt –
will Gott der Herr uns Hilfe geben.
Er selbst ist der feste Halt.

Er hilft die Krise überwinden.
Er gibt uns dazu Seine Kraft.
Er lässt uns stets den Ausweg finden,
weil Er uns neue Hoffnung schafft.

Er führt uns ja auf Seinen Wegen,
die besser sind, als wir gedacht,
dem wunderbaren Ziel entgegen,
das Christus möglich hat gemacht.

## Dreieinigkeit

Wer sagt, dass es nicht geben kann:
ein Gott, doch drei Personen,
dem führe Beispiele ich an,
die nachzudenken lohnen.

Was mit dem Wasser kann gescheh'n,
zeigt dies uns hier auf Erden,
bei Frost kannst du als Eis es seh'n,
durch Hitze Dampf es werden.

Ein Haus, das an der Straße steht,
hat nicht nur eine Seite;
von unten es nach oben geht,
hat Länge und auch Breite.

Ein Mensch ist eine Kreatur,
doch dass an ihm nichts fehle,
besteht er aus dem Leib nicht nur,
er hat auch Geist und Seele.

Man kann, wie alles das beweist
nicht Christen töricht nennen,
die Vater, Sohn und Heiligen Geist
als einen Gott bekennen.

## Begründeter Christenglaube

Umso älter ich jetzt werde
als ein Mensch auf dieser Erde,
umso mehr die Kräfte schwinden,
die sich noch in mir befinden,
desto wichtiger im Leben
ist mir das, was Gott gegeben,
was als Seine Gnadengabe
ich durch Jesus Christus habe,
der, weil Er am Kreuz gestorben,
Schuldvergebung mir erworben.
So wird Er darauf verzichten,
nach dem Tode mich zu richten,

und ich kann ganz ohne Grauen
diesem in die Augen schauen.
Ich stattdessen Anteil kriege
auch an Christi Ostersiege,
als den Tod Er überwunden,
an den Menschen sind gebunden.
Auch mit mir wird es geschehen,
dass ganz neu ich werd' erstehen,
geistlich völlig neu bekleidet
für die Ewigkeit bereitet,
dass ich dort im Himmelreiche
ewig Gottes Engel gleiche.
Dass dort einst mein Leben mündet,
ist in Tatsachen begründet,
nicht in Wünschen und Gedanken,
die an Wahrheitsferne kranken.

## Beschränkung auf das Wesentliche

Man strapaziert jetzt uns're Sinne,
damit man möglichst viel gewinne;
Man will die Blicke darauf lenken,
dass Menschen kaufen und nicht denken.

Drum sollten wir uns überlegen:
Was bringt uns Menschen wirklich Segen?
Was kann uns wirklich für das Leben
recht Hoffnung, Halt und Hilfe geben?

Gewiss kann es dem Menschen nützen,
vor'm Bildschirm und der Zeitung sitzen,
doch wirklich der Mensch reizüberflutet
meist innerlich sehr ausgeblutet.

Wir Menschen sollten auch verzichten
und uns're Sinne darauf richten:
Was muss für mich als Mensch geschehen,
dass ich vor Gott einst kann bestehen?

Wir sollten dabei recht bedenken,
was Gott uns will in Christus schenken:
dass uns durch Ihn im Herzen Frieden
und ewig Herrlichkeit beschieden.

Um dieses Ziel auch zu erreichen,
gibt uns die Bibel Hinweiszeichen,
wie wir uns recht zu Gott verhalten
und unser Leben dann gestalten.

## Gottes Gnadenangebot

Was Gott verlangt, was Jesus spricht,
das tun wir alle völlig nicht;
und darum gilt von mir und dir:
Es sind doch alle Sünder wir.

Weil wegen dieser Sündennot
uns ewig Gottes Strafe droht,
kam als ein Mensch von Gottes Thron
auf diese Erde Gottes Sohn.

Er hat für uns ein Werk vollbracht,
das uns Vergebung möglich macht.
Dass Er die Strafe Gottes trug,
ist zur Versöhnung uns genug.

Er bietet Gottes Gnade an,
die jeder Mensch bekommen kann,
der seine Schuld vor Ihm bekennt
und Ihn im Glauben Heiland nennt.

Da, wo man Gottesdienste hält,
kommt Er zu uns als Heil der Welt,
besonders wenn Sein Wort man liest
und Ihn am Abendmahl genießt.

## Großes und Kleines

Wer an des Todes Schwelle stand
ganz nah, von hier zu scheiden,
den kümmert nicht mehr Erdentand
mit seinen Kleinigkeiten.

Es gibt auf Erden dann so viel,
das man getrost kann streichen.
Erstrebenswert ist nur das Ziel:
die Ewigkeit erreichen.

Darum vertrau dich Jesus an!
Er will dich dahin führen,
wo Herrlichkeit Gott geben kann
mehr als wir hier schon spüren.

## Christliches Bestattungsgedicht

Ich hab' die Grenze überschritten,
die allen Menschen ist gesetzt,
hab' Irdisches jetzt ausgelitten
und bin im neuen Leben jetzt.

Ich habe dort mich eingefunden,
worauf auf Erden ich vertraut.
Gott, dem im Glauben ich verbunden,
Er wird nun bald von mir geschaut.

Nichts Böses kann mir mehr geschehen
wie in vergang'ner Erdenzeit.
Ich werde jetzt für immer sehen
nur Gottes große Herrlichkeit.

Mit allen, die recht Christen heißen,
werd' ich in göttlich neuer Kraft
nun Gott und Jesus Christus preisen,
der uns dies alles hat verschafft.

## Warnung an Frauen

Euch Frauen will ich hiermit warnen,
will euch ein Mann wie M. umgarnen,
misstraut den schönen Worten allen,
mit denen euch er will gefallen.
Ihr solltet es stattdessen wagen,
ihm klar und deutlich dies zu sagen:
Du solltest endlich mal begreifen,
du musst erst noch zum Manne reifen.
Dazu gehören and're Sachen
als nur die Frauen schwanger machen.
Man muss sich auch dazu bequemen,
Verantwortung zu übernehmen,
dass man mit Worten und mit Taten
den Menschen helfen will, nicht schaden.
Und letztlich ist darauf zu sehen:
Wie kann ich mal vor Gott bestehen?
Du solltest darauf viel mehr achten,
anstatt nach Geld und Ruhm zu trachten
und dass für irdische Genüsse
dir jeder and're dienen müsse.

## Gesegneter Verzicht

Wer auch im Leben übt Verzicht
des Wortes Gottes wegen,
bereut das dann am Ende nicht,
denn er hat Gottes Segen.

Wer anderen die Schuld erlässt
für angetane Schmerzen,
stellt einen großen Frieden fest
in seinem eignen Herzen.

Wer mitleidvoll an and're denkt,
um ihnen abzugeben,
bekommt von Gott stets neu geschenkt
das, was er braucht zum Leben.

Ist man in dieser Welt und Zeit
bereit für Gott zu leiden,
wird Gott dafür in Ewigkeit
viel Herrlichkeit bereiten.

## Lob der Barmherzigkeit

Ich möchte mich barmherzig zeigen,
so wie es Jesus will auch sein;
doch wenn die Menschen Schuld verschweigen,
kann ich mit Worten nicht verzeih'n.

Erbarmend Liebe zu erhalten,
freut mich bei manchen Menschen sehr;
doch sie erbarmend lassen walten,
gefällt bei manchen mir noch mehr.

Wir, die aus Gottes Gnade leben,
weil alle Menschen Sünder sind,
wir wollen gern uns Schuld vergeben,
weil jeder dadurch nur gewinnt.

Es kann die Freundschaft doch nur stärken
und wird zum inneren Gewinn,
wenn wir bei einem ander'n merken:
Er liebt ja so mich, wie ich bin.

Ich kann mich ganz ihm anvertrauen;
egal was er von mir erfährt,
ich kann auf seinen Liebe bauen.
Sie hat durch Gott den wahren Wert.

## Hass und Liebe

Man sollte allen Leuten wehren,
die Hass anstatt der Liebe lehren,
weil die so reden oder schreiben
die Leute ins Verderben treiben;
denn wenn Gelegenheit vorhanden,
sind böse Taten schnell entstanden,
die stets dann nach Vergeltung schreien,
damit nicht ungestraft sie seien,
und so entstand an mancher Stätte
schon eine wahre Leidenskette.
Damit die Leiden möglichst schwinden,
kann sie nur Liebe überwinden,
denn sie will ander'n Gutes geben,
bringt Freude in der Menschen Leben,
so wie an Jesus wir es sehen,
durch den viel Heilsames geschehen,
der Liebe lebte, wie Er lehrte;
und das ist stets von hohem Werte.

Und wenn so manche Menschen meinen,
sie müssen möglichst hart erscheinen,
damit die ander'n Mut verlieren,
sie nicht so recht zu respektieren,
dann ist dazu wohl dies zu sagen:
Man kann getrost die Liebe wagen,
denn wer sie übt, steht ihretwegen
besonders unter Gottes Segen.
Er will uns seinen Geist verleihen
zum Gutes-Tun und Schuld-Verzeihen.
Es kann die liebend scheinbar Schwachen
zu wahren Glaubenshelden machen.

## Die Anfechtung

Es gibt in dieser Welt gewiss
auch eine Macht der Finsternis,
wo es uns Christen darum geht,
dass man bei Anfechtung besteht.

Bei solchem irdischem Verdruss
ein Christ wie Jesus beten muss.
Kehrt Gottes Kraft beim Beter ein,
wird er am Ende Sieger sein.

Und hinterher ein Christ dann merkt:
Es ist mein Glauben jetzt gestärkt.
Ich sehe immer mehr den Sinn,
dass ich an Gott gebunden bin.

Ist es mit dieser Welt vorbei,
ist von der Anfechtung man frei,
weil dort in Gottes neuer Welt
der Teufel Zugang nicht erhält.

## Das göttliche Zugleich

Kommt zu uns Menschen Gottes Reich,
dann gibt es immer ein Zugleich.
Das Göttliche bleibt fern uns nicht,
es kriegt ein irdisches Gesicht.

Maria eine Jungfrau war,
als Jesus sie durch Gott gebar.
Und so bekennt ein jeder Christ,
dass Jesus Gottes Sohn auch ist.

Beim Gottesdienst im Kirchensaal
hält man das Heil'ge Abendmahl.
Durch Jesu Wort kann Brot und Wein
zugleich sein Leib und Blut auch sein.

Weil Jesus so uns Menschen liebt,
Er gnädig uns die Schuld vergibt.
So ist vom menschlichen Geschlecht
ein Sünder dann zugleich gerecht.

Nimmt nach vollbrachtem Erdenlauf
uns Gott in Seinem Reich dann auf,
ist man derselbe, der man war,
und doch verändert ganz und gar.

## Bekenntnis eines Bekehrten

Ich lebte in den Tag hinein,
ging immer in die Vollen.
Nichts and'res sollte leitend sein
als nur das eig'ne Wollen.

Ich liebte immer den Genuss,
verfiel dabei den Sünden.
Ich merkte später erst, dies muss
mal ins Verderben münden.

Doch als ich dann ganz unten war,
gescheitert war im Leben,
da stellte sich mir Jesus dar:
„Ich kann dir Hilfe geben."

Schon bald verschwand der Seelenschmerz
aus den vergang'nen Zeiten.
Es zog ein Frieden mir ins Herz,
den Gott nur kann bereiten.

Seit ich an Christus gläubig bin,
seit dieser Lebenswende,
hat Leben für mich guten Sinn
und führt zum guten Ende.

## Ende oder Zukunft des Christentums

„Das Christentum ist nichts mehr wert."
So hört man es in unsern Tagen.
Doch hat uns das, was Jesus lehrt,
jetzt wirklich gar nichts mehr zu sagen?

Das Miteinander ist jetzt kalt.
Man kann so wenig Liebe spüren.
In dieser Welt herrscht die Gewalt.
Mit Lügen will man uns verführen.

Es gelten keine Werte mehr.
Man sucht den Vorteil nur im Leben.
Und darum ist das Herz so leer.
Das Geld kann keinen Frieden geben.

Zwar gibt es heute Überfluss,
mit dem man jeden überschüttet.
Doch ist bei allem Weltgenuss
der Mensch im Innersten zerrüttet.

Die Seele schreit in ihrer Not
bei überfülltem Leib und Sinnen:
Wo bleibt für mich das Lebensbrot?
Wann wird für mich das Heil beginnen?

Und dabei ist es uns so nah.
Die Seelennot kann bald schon enden.
Im Gottesdienst ist Jesus da
im Wort und in den Sakramenten.

Im Auftrag Gottes bietet man
dem Menschen an, das zu erlangen,
was, wer an Christus glaubt, nun kann
als Gottes Heilsgeschenk empfangen.

Da muss ganz schnell der Seele Schmerz,
die Leere und Verzweiflung schwinden.
Gott gibt uns Frieden in das Herz.
Er lässt die Trübsal überwinden.

Man hat durch Gottes Gnade teil
an allen Seinen Herrlichkeiten.
Man spürt schon jetzt das wahre Heil.
Noch Größeres wird Er bereiten.

Darum lasst Gott ins Herz hinein!
Lasst Seinen Geist dann in euch wohnen!
Ihr werdet bald zufrieden sein.
Das Gottvertrauen wird sich lohnen.

## Des Christen Tempora *(in Welt der Poesie 16)*

A)
Es ist vom Christsein dies bekannt,
dass es nach rückwärts ist gewandt
in eine längst gewes'ne Zeit,
man nennt sie die Vergangenheit.

Man kam als Mensch auf diese Welt,
die Gott einst so hat aufgestellt,
dass sie aus Land und Meer besteht
und stets sich um sich selber dreht,
und Gott es dabei so gemacht,
dass überall mal Tag und Nacht.
So richtete einst Gott es ein,
dass überall mal Sonnenschein
und manchmal auch muss Regen sein,
dass in der Welt es kann gedeih'n,
sodass auf Erden jedermann
gut essen, trinken, leben kann.

Man sieht doch überall die Spur
von Gott als Schöpfer der Natur.
Das Christsein seinen Anfang nahm,
als Jesus auf die Erde kam,
und Er, der Gott und Mensch zugleich,
uns nahebrachte Gottes Reich,
wo er sich vielen so genaht,
dass Er an ihnen Wunder tat

und Wichtiges auch hat gelehrt,
was heute noch von größtem Wert.

Jedoch das Wichtigste geschah
einst auf dem Hügel Golgatha,
wo Jesus, als am Kreuz Er starb,
Vergebung unsrer Schuld erwarb;
und uns vor Gott gerecht gemacht
hat Er, als er dies Werk vollbracht.
Und als am dritten Tag danach
die Todesgrenze Er durchbrach,
trat Er in neues Leben ein,
um ewig dann bei Gott zu sein.

Dass dies für uns entscheidend ist,
das glaubt und weiß ein jeder Christ.
Das Christsein für uns selbst begann,
als einen hat getauft mal man,
so wie vor vielen Jahren mal
es Christus selbst zu tun befahl,
und wo an diesem Tage dann
die gleichsam Neugeburt begann.
Es wurde Jesus da der Grund
für den mit Gott geschloss'nen Bund,
und seither für uns gültig blieb,
was Jesus sagte, Paulus schrieb.

B)
Doch ist auch der kein wahrer Christ
der in der Gegenwart vergisst,
dass er nach Gottes Willen fragt
und dann das Rechte tut und sagt.

Die Frage ist, wonach man strebt,
ob man in rechtem Glauben lebt,
wo es vor allem darum geht,

was denn an erster Stelle steht,
dass dieser Platz nur Gott gebührt,
dass man so folgt, wie Er uns führt,
dass man nicht Dingen dieser Welt,
als brächten sie das Heil, verfällt,
dass mehr auf Gott man lenkt den Sinn
als auf Geld, Macht, Vergnügen hin;
dass man bei Nöten im Gebet
zu Gott, dem Herrn, um Hilfe fleht,
von Ihm erbittet Seinen Geist,
dass Er den rechten Weg uns weist
und nicht sich selbst hält für so klug,
dass an sich selbst man hat genug,
dass man bei allem, was geschieht,
nicht nur auf eignen Vorteil sieht,

dass einem Christen nicht egal
des andern Menschen Not und Qual,
stattdessen man mit frohem Mut
dem andern Menschen Gutes tut.

Für Christen dies Gebot es gibt,
dass Gott man und den Nächsten liebt.
Ein jeder, der ein Christ sich nennt,
auch bei sich selbst da Schuld erkennt,
und er vertraut sich Christus an,
der uns davon befreien kann,
weil Er dafür an unsrer Statt
die Strafe einst getragen hat
und liebevoll an uns jetzt denkt
und gern uns seine Gnade schenkt
und als der Heiland jederzeit
als Helfer für uns steht bereit.
Den Christen es auch dahin drängt,
dass er das Abendmahl empfängt,

weil da der Herr, den er doch liebt,
ihm innigste Gemeinschaft gibt.
Er liest und hört gern Gottes Wort
und findet Trost und Hilfe dort.
Er geht zum Gottesdienst auch gern,
weil er dort nahe ist dem Herrn
und unter Seinem Segen steht,
mit dem er dann nach Hause geht.

Ein Christ weiß seines Lebens Sinn.
Sein Herr führt zu dem Ziel ihn hin,
das zu erreichen sehr sich lohnt,
weil dann bei Gott er ewig wohnt.

C)
Und darum richtet seinen Sinn
ein Christ auch auf die Zukunft hin.
Dabei er nicht nur Pläne macht,
wo er auf Vorteil ist bedacht,
was in der Welt an Schönem man
im Leben noch genießen kann,
und dass man dabei nicht vergisst,
was irgendwo zu feiern ist,
dass man bekommt und auch behält,
was einem doch so sehr gefällt,
dass Freudiges man hört und sieht
und einem Unheil nicht geschieht,
dass immer schön gesund man bleibt
und dass gelingt, was man betreibt.

Ein Christ weiß dabei auch vom Tod,
der allen Menschen einmal droht,
vor dem uns nichts und niemand schützt
und wo nichts Irdisches mehr nützt.

Doch weiß er, wie die Bibel schreibt,
dass er nicht in dem Tode bleibt.
Es wird die Welt mal untergeh'n,
und jeder wird vor Jesus steh'n,
der mal gelebt auf dieser Welt,
wenn Jesus den Gerichtstag hält.

Doch fürchtet, wer ein Christ ist, nicht
sich vor dem großen Strafgericht.
Wenn Christus Schuld vergeben hat,
dann findet nicht Bestrafung statt.

Ein Christ folgt so, wie Jesus sprach,
dem auferstand'nen Heiland nach.
In geistgewirkter Leiblichkeit
steht neues Leben ihm bereit,
und dieses, in das man tritt ein,
wird ewig ohne Leid dann sein,
wo jeder dann den Engeln gleich
wird leben froh in Gottes Reich,
wo Sünde nicht noch Leid geschieht,
stattdessen Herrlichkeit man sieht,
der nirgends etwas Schönes gleicht,
das man in dieser Welt erreicht
und das auf dieser Erde hier
je irgendwo gesehen wir.

Es höchstens sich vergleichen lässt
mit königlichem Hochzeitsfest,
von dem im Gleichnis Jesus spricht,
denn Schön'res gab es damals nicht.

Nach einem andern Bild wird sein
dort sehr viel Gold und Edelstein,
wo es um die Beschreibung geht,
wie's in der Offenbarung steht.

So steht uns Herrliches bevor.
Wer das nicht will, der ist ein Tor.
Ein Christ ganz fest darauf vertraut,
dass er, was Jesus sagt, dann schaut
und darum freut er jetzt sich schon
auf seines Glaubens großen Lohn.

## Segen des Vergebens *(in Welt der Poesie 16)*

Willst alles Gute du erleben,
das man durch Jesus nur erhält,
dann musst du anderen vergeben,
auch wenn es ziemlich schwer dir fällt.

Denn um das alles zu genießen,
was Gott für Menschen hält bereit,
ist man auf Jesus angewiesen,
dass Er von aller Schuld befreit.

Und willst du andern nicht verzeihen
die Schuld aus der vergang'nen Zeit,
dann wird dir Jesus nicht verleihen
das reingewasch'ne Ehrenkleid.

## Christlicher Alterstrost *(in Welt der Poesie 16)*

Wenn langsam nun die Kräfte weichen,
dann stelle ich mit Freuden fest:
Ich muss nicht durch mich selbst erreichen,
was mich trotz allem jubeln lässt.

Es ist durch Jesus längst geschehen
und nicht durch meine eigne Kraft:
Die ew'ge Herrlichkeit zu sehen,
hat Er uns durch Sein Werk verschafft.

Drum lasse ich von Ihm mich lenken.
Er führt mich hin zum ew'gen Heil,
will mir das Allerbeste schenken,
dass ich an Seinem Reich hab' teil.

## Ein Pfarrkonvent *(in Ly-La-Lyrik 26)*

Zu den angenehmen Pflichten,
die ein Pfarrer muss verrichten,
zählt, wie ich und andre meinen,
auch das Zum-Konvent-Erscheinen.
Wie's da zugeht, will in Bildern,
die poetisch sind, ich schildern.
Es geht los mit einer Andacht,
die meist in der Kirche man macht;
denn wir Pfarrer woll'n im Leben
doch erst Gott die Ehre geben,
auf Ihn hören, beten, singen
und Ihm so ein Loblied bringen.
Doch nach diesen frommen Werken
wollen auch den Leib wir stärken,
denn wir haben nicht vergessen:

Es muss jeder Mensch auch essen.
Dieses ist besonders lecker,
treffen wir uns bei Herrn Hecker,
der stets bestens vorbereitet
unseren Konvent jetzt leitet.
Kluges hat er meist zu sagen,
wenn wir beim Konvente tagen.
Staunend hört die ganze Runde,
was da kommt aus seinem Munde,
und es wagen nur die Frechen,
ihm einmal zu widersprechen.
Dann den Tag wir so gestalten:
Einer muss den Vortrag halten,
den wir dabei auch nicht stören,
denn wir wollen Kluges hören.
Doch man sollte uns erleben,
wenn der Startschuss freigegeben
für gewünschte Diskussionen,
wo wir niemanden verschonen.
Staunend wir beisammensitzen
vor den vielen Geistesblitzen,
die den ganzen Raum erhellen
und die Welt in Frage stellen.
Zu verschiedenen Problemen
wir da unsre Stellung nehmen.
Jeder kommt an unserm Orte,
der was sagen will, zu Worte.
Jeder, der zu uns gekommen,
fühlt als Mensch sich ernstgenommen,
außer wenn bei manchen Sachen
wir auch manchmal Blödsinn machen.
Toll ist unsre Atmosphäre.
Wenn's doch überall so wäre!
Wenn am Mittag es dann endet
und sich jeder heimwärts wendet,

wünschen wir uns, wenn wir gehen,
dass wir uns bald wiedersehen.

## An einen Dichterkollegen *(in Ly-La-Lyrik 26)*

Nun hab' ich Ihr Buch gelesen
und bin traurig oft gewesen,
denn ich hab' Sie oft gesehen
vor des Todes Abgrund stehen,
vor dem letzten Schritt dann zaudernd,
weil vor seiner Kälte schaudernd.
Sie mit Ihrer Klugheit grübeln
von der Welt und ihren Übeln,
hoffend, dass Sie einen hätten,
der Sie wirklich würde retten
vor dem Ohne-Hoffnung-Sterben,
vor dem eigenen Verderben.
Deshalb will ich es jetzt wagen,
Ihnen folgendes zu sagen:
Ich hab' schon vor vielen Jahren
Hilfe einst von Gott erfahren,
den als Helfer ich entdeckte,
weil die Hand er nach mir streckte;
und ich konnte sie erfassen
und dadurch mich retten lassen,
und ich konnte Liebe spüren,
die zum wahren Heil will führen,
das einst Christus hat erworben,
der deshalb am Kreuz gestorben
und zu Ostern auferstanden,
dass uns Hoffnung ist vorhanden,
dass auch wir das Heil erleben,
wenn wir ganz uns Ihm ergeben
und den Ehrgeiz überwinden,

selbst den Weg zum Heil zu finden.
Gott ist größer als wir denken,
will nicht strafen, will beschenken,
will ein Leben uns bereiten
ewig voller Herrlichkeiten.

## Durch die Nacht hindurch *(in Ly-La-Lyrik 26)*

Dass es um uns herum wird Nacht,
dem kann man nicht entfliehen,
doch ihrer schaurig dunklen Macht
kann man sich wohl entziehen.

Es ist von Gott gesandtes Licht,
das ihr die Macht genommen,
ist Jesus Christus, der da spricht:
„Stets dürft ihr zu Mir kommen.

Stellt man bei euch auch Sünde fest,
ihr braucht nicht zu verzagen,
weil Ich, der gern euch Schuld erlässt,
die Strafe hab getragen.

Auf Golgatha einst das geschah,
als Ich am Kreuz gestorben,
weil Gott Mich dazu ausersah,
dass Ich euch Heil erworben.

Ich trat in neues Leben ein.
Der Tod ist überwunden.
So will Ich jetzt der Weg euch sein,
die ihr mit Mir verbunden.

Bleibt ihr bis an den Tod Mir treu,
so will Ich es euch geben,
dass ihr, in Herrlichkeit ganz neu,
dann ewig werdet leben."

## Verschiedene Tausche *(in Ly-La-Lyrik 26)*

Das Leben, das als Kind begann,
hält Wechsel uns bereit;
man wird zur Frau, man wird zum Mann,
wird alt so mit der Zeit.

Dass nicht sehr schön das Ledig-sein,
ich einstmals stark empfand.
So tauschte ich durch Hochzeit ein
dies in den Ehestand.

Wenn ich mal in ein Kaufhaus kam,
hab ich durch Geld erzielt,
dass ich die Waren, die ich nahm,
als Eigentum erhielt.

Ich musste manche Arbeit tun
im Dorf und in der Stadt
und bin inzwischen Rentner nun,
der viel mehr Freizeit hat.

Getauscht hat man in Deutschland oft
auch den Regierungsstil.
Es kam meist anders als erhofft.
Es ist ein Trauerspiel.

Den schönsten Tausch erlebte ich
durch Christus, meinen Herrn.
All meine Schuld nahm Er auf Sich,
gab dafür Reinheit gern.

Auf einen Tausch ich mich noch freu,
wenn dieser Leib vergeht
und dann durch Gott aus mir ganz neu
ein Mensch, der bleibt, entsteht.

Dann gibt es nicht mehr Leid und Streit,
was hier es schwer uns macht,
stattdessen in der Ewigkeit
bei Gott nur große Pracht.

## Die Burg *(in Ly-La-Lyrik 26)*

Sehr machtvoll steht die Burg aus Stein,
durch einen Berg geschützt.
Und will man mit Gewalt hinein,
ein Angriff da nichts nützt.

Jedoch es gibt da einen Mann,
der Jesus Christus heißt,
der uns zum Eingang führen kann,
den Weg uns dorthin weist.

Und dieser Jesus lässt uns nicht
dort vor dem Tor dann steh'n.
Er öffnet selbst es uns und spricht:
„Ihr dürft hinein nun geh'n.

Ich hab das Werk für euch vollbracht,
von Sünden euch befreit
und selbst es möglich euch gemacht,
dass ihr hier Gäste seid.“

# 9. Christ und Leid

*Es ist so manches doch von Werte,*
*was mich des Lebens Härte lehrte,*
*und darum ist es mein Bestreben,*
*den andern etwas abzugeben.*

## Vor der Operation *(in Welt der Poesie 16)*

Seit Wochen warte ich nun schon
auf meine Operation.
Ich hoffe sehr, dass sie gelingt
und Ende meines Leides bringt.

Jedoch man deutete mir an,
dass ich dabei auch sterben kann;
und es bereitet mir nicht Not,
dass auch ein solches Ende droht,

weil doch für jeden, der ein Christ,
der Tod ganz ohne Schrecken ist,
weil man schon das dahinter sieht,
wo neues Leben dem geschieht,
der Jesus, der den Tod durchbrach,
in Gottes Herrlichkeit folgt nach
und man in seiner neuen Welt
für ewig Freude nur erhält.

Doch ist es auch nicht ohne Sinn,
wenn weiter ich auf Erden bin.
Drum gebt auf meine Frau auch acht,
dass ihr sie nicht zur Witwe macht!

## Die Knieoperation

Weil meine altersschwachen Knochen
schon ausgelaugt und halb gebrochen,
ein Orthopäde, den ich schätzte,
ein neues Knie ins Bein mir setzte.

Da hab' ich dieser Sache wegen
in einem Krankenhaus gelegen,
damit es langsam soll geschehen,
dass wieder richtig ich kann gehen.

Ich dachte, als ich dort musst' liegen,
an die Soldaten, die in Kriegen
vom Feind getroffen von Gewehren –
und Frauen, die ein Kind gebären.

## Nach der Operation

Es hat man mir das Knie ersetzt
an meinem linken Bein,
und dann hoffe ich es jetzt,
dass Besserung tritt ein.

Zwar waren Schmerzen riesengroß,
die ich dabei gespürt,
doch bin ich jetzt die Sorge los,
dass es zur Steifheit führt.

Wenn ich dann wieder laufen kann
so wie ein junges Reh,
dann denk' ich gar nicht mehr daran,
dass es noch jetzt tut weh.

## Autolehre

Wie sehr leicht ist zu begreifen,
braucht ein Auto Winterreifen,
wollen die, die eins besitzen,
auch im Winter damit flitzen.

So muss es für's ew'ge Leben
geistlich neu Gestaltung geben,
die bekommt des Menschen Seele
nur nach göttlichem Befehle.

So kommt es zum guten Ende,
gibt man sich in Gottes Hände,
muss zu dieses Lebens Zeiten
man auch manches Unheil leiden.

## Leben mit Gehstützen

Ich laufe herum jetzt mit zwei Stützen,
das ist wahrhaftig kein Genuss.
Doch spüre ich, dass sie mir nützen
und ich daheim nicht bleiben muss.

So will ich gern mit ihnen gehen
und sie benutzen jedes Mal,
und wenn mich and're damit sehen,
dann ist das mir doch ganz egal.

Muss ich als alter Mann auch spüren
verstärkt jetzt Schmerzen sowie Lied,
so lass ich doch von Gott mich führen
durch das hindurch zur Ewigkeit.

## Erfahrung durch Leid

Als Pfarrer in dem Ruhestand
gab ich den anderen bekannt:
Ich bin auch noch in dieser Zeit
den Dienst zu machen gern bereit.
Sollt' irgendwo es nötig sein,
dann springe gern ich einmal ein.
Da rief bei mir so mancher an,
ob ich dort mal vertreten kann.
Nun tu' ich diesen Dienst nicht mehr.
Mein Leiden hindert mich zu sehr.
Und dabei sich nun dieses zeigt,
dass oft das Telefon jetzt schweigt.
Es findet jetzt kein Anruf statt
von dem, dem man geholfen hat.
Statt dass man Anteilnahme zeigt,
hält man sich lieber fern und schweigt.
Es ist wohl jetzt mit einem Mal
all diesen Leuten ganz egal,
wie mir als Krankem es ergeht
und wie es um mein Leben steht.
Da kommt man sich jetzt langsam vor
so wie bei Shakespeare einst der Mohr.
Als Leidgeprüfter nun man sieht
bei Menschen diesen Unterschied:
Nur der zeigt Anteilnahme jetzt,
der wirklich einen liebt und schätzt.

## Gedanken eines Behinderten

Ich hab' bei Frauen nichts zu melden.
Mit mir hat keine was im Sinn.
Sie wollen alle einen Helden,
der ich nun leider mal nicht bin.

Ich kann mir so viel Mühe geben,
dass eine Frau mal bei mir bleibt,
und kann es höchstens dann erleben,
dass sie ihr Spielchen mit mir treibt.

Ich würde mich sehr glücklich wähnen –
das sage ich jetzt unverhüllt –,
wenn eine Frau mein großes Sehnen
durch ihre Hingabe erfüllt.

## Resignation

Ich bin zu N. N. stets jetzt brav,
weil mich das harte Schicksal traf,
dass ich es habe in den Knien.
Da kann ich nicht mehr vor ihr flieh'n.
Und wenn sie sich dann an mir rächt,
da geht es mir wohl ziemlich schlecht.

## Eine Warnung

Als ich im Krankenhaus gewesen,
gab mein Freund K. mir dies zu lesen:
„Jetzt liege krank in meinem Bett ich.
Ich nahm das Zeug von Dr. Hettich,
weil ich von seinen Pillen dachte,

wenn er so sehr Reklame machte,
dass das auch mir mit meiner Bürde
und meinen Schmerzen helfen würde.
Jedoch ich wurde nur betrogen.
Es war erstunken und erlogen.
Statt dass es ward, wie er geschrieben,
sind meine Schmerzen so geblieben
und neue sind hinzugekommen.
Hätt' ich das Zeug doch nicht genommen!
Ich musste dafür Geld bezahlen,
dass mehr noch wurden meine Qualen.
D'rum möchte ich euch alle warnen:
Lasst von dem Mann euch nicht umgarnen!
Man hat, wo schöne Worte stehen,
auf euer Geld es abgesehen."

## Gesegnetes Leiden

Wenn uns jetzt auch an Altersplagen
so manches Leiden widerfährt,
will Gott damit uns manches sagen,
was rechter Überlegung wert.

Es gibt ja nicht nur dieses Leben
in dieser Welt und dieser Zeit;
Gott will uns etwas Bess'res geben
in Seiner schönen Ewigkeit.

Um Jesu Hand recht zu erfassen,
die uns zu diesem Ziele bringt,
gilt es, auch manches loszulassen,
das uns an diese Erde zwingt.

Ist darum manches so gekommen,
wie es uns gar nicht erst gefiel,
so sei zu Kenntnis doch genommen:
Gott führt zu einem guten Ziel.

So gilt es, darauf hinzuweisen:
Kam es auch anders als gedacht,
ist letzten Endes Gott zu preisen;
Er hat alles gut gemacht.

## Mitleidvolle Liebe

Kommst Du bald nun unter's Messer,
hoff' ich, dass das gut gelingt
und dann immer mehr wird besser,
bis es ganz die Heilung bringt.

Wenn ich auch in Deinem Leiden
Dich dann nicht besuchen kann,
werd' ich betend Dich begleiten
in dem Krankenhause dann.

So würd'st Du Dich auch verhalten,
wenn ich einmal Hilfe brauch',
betend Beistand dann erhalten,
würde ich von Dir doch auch.

## Der Kirchenchor von M. und ein Mitglied *(in Welt der Poesie 16)*

Für jeden Kirchenchor dies gilt:
Es kommt zwar auf das Singen an,
doch auch auf das Erscheinungsbild,
das man den Leuten bieten kann.

Wenn gut gekleidet jeder steht,
ist das ästhetischer Genuss,
doch wenn das plötzlich nicht mehr geht,
weil man schon bald sich sehen muss;

dann du als Mensch den Eindruck hast,
weil du zurzeit sehr leidend bist,
du nicht in diesen Chor mehr passt,
weil dieses Bild getrübt dann ist.

Wenn einer denkt, dass er dann stört,
weil man auf Eindruck ist bedacht,
dann meint er, dass es sich gehört,
dass er sich wieder heimwärts macht.

# 10. Christ und Sprache

*Die deutsche Sprache ist es wert,*
*dass ihr auch Ehrung widerfährt.*
*Drum deute ich ein wenig an,*
*was man mit ihr so machen kann.*

## Beläm(m)ertes

Es graste auf des Berges Kamm
mit ander'n Schafen einst ein Lamm.
Das Tier war voller Übermut,
und so etwas tut selten gut.
So kam es eines Tages vor,
dass dieses Lamm ein „m" verlor,
worauf es dann ganz offenbar
nichts and'res als ein Krüppel war,
weshalb die Herde es verstieß
und fortan ganz allein nun ließ,
bis es ein Förster klagend fand;
und weil dort eine Stadt entstand,
man damals eben dieser Stadt
den Namen „Lam" gegeben hat.
So hat man mir es dort gesagt,
als ich in dieser Stadt gefragt,
wobei ich noch erwähnen will:
Es war am Ersten im April.

## Richtig oder falsch betont

Ein Vorname ist ein Problem,
zu dem ich jetzt hier Stellung nehm'!
Hier ist es nur ein kleiner Ton,
der spaltet unsere Nation.

Bei der Frau Merkel Angela,
da war einmal ein Sachse da,
und der hat es bei ihr gewagt,
dass er Angela hat gesagt,
weil der, der halt in Sachsen wohnt,
die zweite Silbe da betont,
weil wenn es so betont man bringt,
es eben doch viel weicher klingt.
So liebt es nun ein Sachse halt,
denn vorn betont klingt es so kalt,
betont er anders, klingt es weich.
Frau Merkel ist das sicher gleich,
wenn nur, worauf sie sicher zählt,
das Gros der Sachsen stets sie wählt.

## Sprachübung für Sachsen („Ö“ und „E“ oder „Ä“)

Man kann hier von den bösen Besen,
dass sie sich manchmal lösen, lesen.
Weil noch die Dänen Ören ehren,
drum wollen sie die Möhren mehren.
So wollten auf den Böden beten,
bevor sie dann um Flöten flehten.
Wir teilen, was dort rötlich, redlich,
doch wurde einer tödlich tätlich.
Erhebt man in der Zelle Zölle,
dann ist das eine helle Hölle.

Es nahm von dort ein Löter Leder,
da wurde gleich der Reeder röter,
wenn wir mit diesen Resten rösten,
dann muss man uns in Dresden trösten.
Die, die in ihren Nöten nähten,
dann später nach mehr Kröten krähten.
Man muss sich dort nach Röcken recken,
die auf den langen Stöcken stecken.
Er sagte mir, er träge Tröge,
wenn ich an seiner Säge söge.

## Die Bedeutungen des Vokals

Fünf Worte sind's, um die es geht,
um die sich hier jetzt alles dreht.
Zu ändern ist da jedes Mal
bei jedem Wort nur ein Vokal,
doch damit alle fünf dabei,
sind es beim letzten deren zwei.
Es setzt die Fünf sich dabei fort.
Fünf Buchstaben hat jedes Wort,
doch sind in Wahrheit es nur vier,
denn einer steht gedoppelt hier.
Vom Anfang gebe ich bekannt:
Stets steht derselbe Konsonant,
vom zweiten ihr ja nun schon wisst,
dass jedes Mal er doppelt ist.

Mit „a" beim ersten Worte dann,
wer will, auch darauf stehen kann.
Mit „e" ist es dann so ein Ding,
zu dem nicht jeder Mensch schon ging.
Mit „i" denk ich an jede Stadt,
die ganz gewiss so etwas hat.

Mit „o“ ist dieses Wort ein Tier,
das wohl nicht alle lieben wir.
Und dann sind bei dem „u“ wir schon.
Die ist sehr wichtig als Person.
Macht man am Ende dann für sie
statt einem „e“ dafür ein „i“.
Nun strenge sich ein jeder an,
dass er das Rätsel lösen kann.
Der erste Buchstabe, er steht
als 13. im Alphabet.

(= Matte)

## Bauers und Elsässers

Als Bauers einmal waren hier,
da machten Bauernfrühstück wir.
Als ich mit Frau besucht sie hab',
Elsässer Flammkuchen es gab.

## Urlaub am Regen

Hier in dem Bayerischen Wald
man findet gut Erholung bald.
Da wo als Bach der Regen fließt,
man herrlich die Natur genießt.
Jedoch wenn hier mal Regen fällt,
es etwas schlechter sich verhält.
Doch regen Leute sich nicht auf
bei Regen an des Regens Lauf.

## Unstandesgemäße Zustände

Als Franz trat in den Ruhestand,
gab seinen Einstand er bekannt.
Dann hat ein Umstand mitgespielt,
dass er mit Anstand Abstand hielt,
denn sein Verstand hat ihm gesagt,
dass in dem Zustand er's nicht wagt.
Und wenn der Karl darauf bestand,
wie Emil neulich mir gestand,
dann sage dies dem Vorstand er.
Der holt dann Max als Beistand her.
Als noch im Ehestand der Klaus,
erstand er sich einmal ein Haus.
Doch sehen wir den Notstand jetzt;
er hat es nicht instandgesetzt.
Für seine Ehefrau stand fest,
dass sie im Aufstand ihn verlässt,
denn als es auf dem Prüfstand war,
war ihr sofort der Missstand klar.

## Die Ungarinnen

Einmal konnten Ungarinnen
einen großen Kampf gewinnen,
und sie wollten das genießen
und den Sieg so recht begießen,
aber dabei nicht vergessen,
etwas Gutes auch zu essen.
Doch es war dann dieser Braten
leider gar nicht gut geraten,
sodass diese Frau'n bedachten,
was sie nun am besten machten.
Sollten sie das so verzehren

oder lieber sich beschweren,
fragten sie vor dem Beginnen,
denn das Fleisch war ungar innen.

## Sören Kierkegaard und unser Pfarrverzeichnis

Es ist gewiss sehr gut gemeint,
dass immer mal ein Buch erscheint,
bei welchem stets es darum geht,
dass darin jeder Name steht
von jedem, der so manches Jahr
in uns're Kirche tätig war,
den anzuzeigen man bestrebt,
solange er auf Erden lebt,
auch wenn von ihm schon längst bekannt,
dass er jetzt lebt im Ruhestand.
So einer wird, wie sich's gebührt,
dabei gesondert aufgeführt.
Es steht nicht nur der Name dort,
genannt ist dabei auch der Ort,
wo er zuletzt zu tun bereit
den Pfarrerdienst gewisse Zeit.

Doch als einmal dort suchte ich,
ein Umstand irritierte mich.
Was ich bei einem Pfarrer fand,
das war das Wort dort „Wartestand".
Da habe ich mich dann gefragt,
was dieser Ausdruck da besagt.
Gibt's einen Ort, gibt's eine Stadt,
die einen solchen Namen hat?
Mir fiel bei meinem Grübeln ein:
In Deutschland kann das doch nicht sein.
Da lag zu denken es nicht fern,

gleicht etwa das dem Judenstern,
dass Ihr an diesem Menschen seht:
Er ist von mind'rer Qualität?

Da dachte ich: Was traust denn du
dem Landeskirchenamt da zu?
Das hat doch Gutes nur im Sinn,
weshalb ich wohl im Irrtum bin.
Dann es mir ins Gedächtnis trieb,
was Sören Kierkegaard einst schrieb
vom Bischof, welcher Mynster hieß.
Er schrieb von diesem Menschen dies,
dass er kein Wahrheitszeuge ist,
wenn man ihn an der Bibel misst,
denn wen in dieser Welt man ehrt,
besitzt bei Gott meist nicht viel Wert.
Die Bibel teilt es uns doch mit,
wie meist ein Wahrheitszeuge litt
und dass bei Jesus gar fand statt,
dass man ihn einst gekreuzigt hat;
und dass es dem nicht besser geht,
der dann in seinem Dienste steht,
weshalb der Ausdruck „Wartestand",
in dem man sich einmal befand,
für jeden Pfarrer, der ein Christ,
ein wahrer Ehrentitel ist.

## Seltsames Deutschland

Zehn Kölner haben mal in Essen
sehr viele Hamburger gegessen.
Einst konnte einem Chor aus Singen
kein einz'ges Lied mal gut gelingen.
Im Rudern waren mal beim Vierer

die Siegener einst die Verlierer.
Ein alter Mann – aus Leipzig schien er –
entpuppte sich dann als Schlawiener.
Es wissen alle Sachsenkenner:
auch Annaberger sind oft Männer.
Es sind auch Kieler nicht zu loben,
ist mal der Kiel bei ihnen oben.
Verwechselt hat er mit Bedauern
den Löbauer mit Ökobauern.
Wir neulich einen Auer sah'n
mit einem schönen Auerhahn.
Man soll, die Gutes taten, loben;
auch jene, die in Rügen oben.
In Warnemünde wollt' ich warnen,
dass sie mit Mündern sie umgarnen.
Es hat kein Mensch in Ludwigslust
des Ludwigs große Lust gewusst.
Nach Salzwedel kam aus der Pfalz
ein Hund, der wedelte mit Salz.
Mir sagte mal Herr Oberlin,
er werde nach Berlin nie zieh'n.
Man sollte mehr in Braunschweig zeigen:
Wer braun ist, sollte lieber schweigen.
Gefahr in Halberstadt besteht,
dass man da nie aufs Ganze geht.
In Dortmund wird dir's nicht beschieden,
dass dort man will den Mund verbieten.
Er sagte nur, in Halle sei
zum Turnen keine Halle frei.
Man ließ in die Stadt Großenhain
die kleinen Leute auch hinein.
Man hat in Gießen schlecht gegossen,
das hat die Gießener verdrossen.
In Würzburg war das Essen fade,
das fand ich ganz besonders schade.

Ein Mann in Mannheim hat's gemacht,
dass eine Frau er heimgebracht.
In Erlangen bekommst du Angst,
dass du das Beste nicht erlangst.
In Amberg war ich auch einmal;
jedoch da wohnte ich im Tal.
In Offenburg bekommst du Ruh',
denn dort die Burg ist meistens zu.
In Regensburg ich kehrte ein
bei wunderbarem Sonnenschein.
So ist's in Aalen mit den Aalen:
Man muss dafür viel Geld bezahlen.
Wie komisch, wenn in Freudenstadt
ein Mensch dort einen Weinberg hat.
Dass ich nicht ward im Tal gefangen,
bin bis nach Freiberg ich gegangen.

## Lohnvergleich *(in Welt der Poesie 16)*

Oskar sagte: Dieser Lohn
ist so wie in Iserlohn;
aber dort in Bielefeld
kriegt man nicht das viele Geld.

## Anna und Ananas *(in Welt der Poesie 16)*

Es sagte mir die Anna, dass
sie kürzlich hat entdeckt,
dass Pizzateig mit Ananas
ihr ganz vorzüglich schmeckt.

Da sagte jemand nur: Ach, lass
das alles lieber sein.
Ich mache lieber Anna nass
mit schönem roten Wein.

## In Unna *(in Ly-La-Lyrik 26)*

Als ich einmal in Unna war,
da ging ich auch in eine Bar.
Doch musste ich dort einsam sein.
Es ließ sich niemand auf mich ein.
Da wurde mir auf einmal klar:
Man ist hier eben unna(h)bar.

## Frau Goldberger *(in Ly-La-Lyrik 26)*

Es kommt bei uns im Paulus-Chor
auch eine Frau Goldberger vor.
Da fragte ich: Was ist genau
das Gegenteil von dieser Frau?
Es fiel mir selbst die Antwort ein:
Das muss doch Silbertaler sein.

## Frau Mahlmeister *(in Ly-La-Lyrik 26)*

Ich aß in einem schönen Tal
einmal ein wahres Meistermahl.
Da habe ich mir gleich gedacht:
Das hat Frau Mahlmeister gemacht.

## Die Kuh und der Heide *(in Ly-La-Lyrik 26)*

Es stand mal draußen eine Kuh.
Sie fraß und fraß nur immerzu.
Nun haben viele in dem Land
sich neu zum Heidentum bekannt.
Da rief zur Kuh ein Heide laut:
„Friss nicht mehr von dem Heidekraut!
Geh lieber dort nach nebenan,
wo man viel besser fressen kann!"
Er hatte nämlich es gesehn,
dass dort sehr viel Christrosen stehn.
Und dieses ihm viel lieber ist,
wenn da die Kuh Christrosen frisst.
So kam es, dass es ihm gelang,
dass er das Tier zum Wechsel zwang.
Und dass er es dorthin gebracht,
das hat ihn mächtig stolz gemacht.
Doch diese Kuh hat sich gestärkt
und keinen Unterschied gemerkt.

## In Leipzig *(in Ly-La-Lyrik 26)*

In Leipzig trat ich früher mal
zum Essen ein in ein Lokal.
An einem Tisch saß da ein Mann.
Da setzte ich mich mit daran.
Und weil er neben mir so saß
und still vergnügt sein Essen aß,
da habe ich bei ihm entdeckt,
dass es ihm scheinbar recht gut schmeckt.
Da habe ich es dann gewagt
und habe ihn einmal gefragt:
„Was ist's, das Ihnen so gefällt
und Sie zum Essen sich bestellt?"
Was er da gab zur Antwort mir,
schreib ich auf Sächsisch hin jetzt hier:
„Ach, lassn Se sich's selber gääm,
das Zeich schmeggt wirglich angenähm!"
Da wurde mir besonders klar,
dass eben ich in Sachsen war.